U0906833

美国文化教育休闲体育管窥

——访学散记

张 宏——著

MEIGUO WENHUA JIAOYU XIUXIAN TIYU GUANKUI

广东高等教育出版社
Guangdong Higher Education Press
·广州·

图书在版编目（CIP）数据

美国文化教育休闲体育管窥：访学散记/张宏著．—广州：广东高等教育出版社，2017.6

ISBN 978－7－5361－5911－2

Ⅰ．①美…　Ⅱ．①张…　Ⅲ．①文化教育－研究－美国②休闲体育－研究－美国　Ⅳ．①G40－055　②G817.124

中国版本图书馆 CIP 数据核字（2017）第 116435 号

出版发行	广东高等教育出版社 社址：广州市天河区林和西横路 邮编：510500　营销电话：（020）87554152 http://www.gdgjs.com.cn
印　　刷	广州市怡升印刷有限公司
开　　本	890 毫米×1 240 毫米　1/32
印　　张	6.5
字　　数	156 千
版　　次	2017 年 6 月第 1 版
印　　次	2017 年 6 月第 1 次印刷
定　　价	23.00 元

自　　序

去西方国家生活一段时间（3 个月以上），以充分感受一种截然不同的社会文化，这是我很早确立的人生重要目标之一，直到 2015 年 9 月这个目标才得以实现。相对于在美国长期留学和生活的人来说，我这半年的访学是比较短暂的，可能有人会质疑：时间较短只是浮光掠影吧？时间较短能深入地观察和认知吗？我的回答是：时间不是问题。

首先，因为我很重视此次访学机会，所以我是有备而去，带着一双发现的眼睛和一颗敏感的心而去；其次，我本是个比较“宅”的人，但为了有更多的交流接触机会，得到更多的“素材”，访学期间我积极主动地去接触各种人，参加各种活动，使自己的经历尽可能地丰富多彩；再次，为了减少主观价值观的带入，在写作手法上，我尽量用“白描”手法忠实记录我的观察和遭遇，不评论，少评论，从而在一定程度上避免了“时间短难以深入”的缺陷；最后，作为一名经过专业训练的体育社会科学工作者，相较于一般人，我们对社会的观察是一种审慎、自觉的行为，观察得更敏感、更系统。

我知道，在民族主义逐渐高涨的今天，写有关美国的文字是不太讨巧的，所以我的初衷只是忠实客观地记录，还原一个真实的美国社会、美国人、美国文化、美国大学教育、美国休闲体育。我始终认为，不管意识形态如何，但美国作为目前世界最发达国家，尤其在大学教育和体育方面，自然有它的成功之道，中国在走向现代化的进程中，是有必要向它学习和取经的，还是那句古训“他山之石，可以攻玉”。而作为一名知识分子，坚守客观理性也是我的职责所在，“虽千万人，吾往矣”。

因为本人英语不够精，与美国本土人士的深入交流沟通受到了影响，从社会科学研究方法上来讲，少了非常重要的访谈法，实为本书中的一大遗憾。

本书付梓，首先要感谢广东高等教育出版社的黄跃升编审，其次要感谢广州体育学院“创新强校工程”的经费支持。

特别要感谢我的妻子和儿子，感谢他们对我赴美学习的支持和奉献，他们是我生活和写作的动力源泉。

作　者
2016 年 11 月 29 日

目　录

01

2015年9月27日

初来乍到

9月20日，我怀着兴奋、忐忑和依依不舍的复杂心情踏上了盼望已久的旅美访学之行。

20日晚，我先到香港住一晚，佐敦道还是那样的车水马龙，喧闹嘈杂，我提着沉重的箱子，好不容易才找到住宿的旅馆，早早睡下，但却无眠，有外面的嘈杂声影响，也有自己稍稍兴奋的心情因素。21日早上6点起床，坐出租车和机场快线到机场。10点30分登机起飞。机上靠窗，能有机会欣赏到沿途的风景。向下看到了日本，很多岛，海岸线轮廓清晰，很美；看到了云山，绚丽壮观、千奇百怪的美景。从机上俯视了北冰洋、加拿大、美国本土，看到美国地广山少，一马平川，平原、森林、湖泊，这个国家是个富饶的、适宜居住的地方。

21日（美国当地时间）下午2点准时降落在Newark机场。填写好一张外国人入境的表格后，接受通关员逐一审查，我被审了很久才放行。我的美国导师Stanley（中国台湾人）已在出口处等我很久了。在开车回家的路上，我们去了专卖中国食品的美东超市，在这边听说要买中国食品，只能去专门的中国超市。晚上7点左右才到他家。导师的岳母、太太是福建人，比较热情，两个小男孩，哥哥Edon是小帅哥，3岁多；弟弟1岁多，很可爱。

Stanley 告诉我，合租的沈阳女学者还没来，我可能要在他家住上一周。原以为自己的公寓都已安顿好，没想到这样，最终被他言中，在他家住了整整一周，给人家添了麻烦，我也觉得不太自由。

Stanley 住在距学校有一段距离的一个高档别墅小区，独栋三层（含地下一层），有很大的花园，才 20 多万美金，还没有广州碧桂园假日半岛的房子贵。中美之间的对比是很奇特和有意思的，其中有一个比较视角就是两边的物价，有的东西美国贵，比如去餐厅吃饭；有的东西中国贵，比如汽油，以后再仔细观察研究，目前来看，我想只要有人工服务的，美国都较贵。

我最羡慕美国的就是它的环境。天那么蓝，空气那么清新，我每天都出去走走，一来健身，二来观察。其实我过来还有一个不足以为人道的目的——休养。与走之前的广州空气污染相比较，反差太大了。我们应该深刻反思我们的发展模式，重视保护环境和治理污染，环境对一个国家和社会的重要性就像身体对一个人的重要性一样，这方面没有，其他的拥有再多又有什么意义。

我访学的东斯特劳斯堡大学（ESU）有学生 7 000 人，与广州体育学院的规模相当。据说以前叫教育大学，相当于我国的师范类高校。学校环境像美国的其他高校一样，干净、整洁、井井有条，和 2009 年我们去过的马里兰大学差不多，但没有那么大。学校主要的图书馆、食堂都只有一个。

租房之事一直不顺，原来说的一起住的国内访学者或不来或晚来，所以一时找不到合租者，最后只能一人先租一栋楼住一个月，每月要 800 美元，觉得很心疼。还要自己找电信安装网络，自付电、气、油等各种费用。我原来想得很简单，以为有学校的宿舍，自己只是交点钱，什么都不用管了。谁知过来才知道交流的访学者，美国高校都是不管住宿的，所以来美国很锻炼一个人的独立能力。对于我来说，还多了一点语言问题，所以更麻烦些。算了，心态放好，来这边不是享受的，是来学习、体验和感悟不同文化的，即使吃些苦受些累也要坚持下去。

昨天，弟弟电话告知老爸生病住院了，还没有确诊吐血的原因，但愿不是……老爸，儿子在大洋彼岸为您祈祷，愿您吉人天相。

今天上午还去了 Blue Mountain Lake（蓝山湖），湖水、阳光、五彩的树、蓝天、白云，好一幅秋天的美景。

02

2015年10月2日

一堂有些不尽如人意的课

今天是周五，来美国已经第二周了。周一搬到自己租住的house，还有后花园，真是奢侈，其实我自己对住的要求就是一个单间的学生公寓。租金800美元，贵得心疼，河南的教师赶快来啊。

房东Mora是个典型的美国女人，做事很认真，一板一眼，她跟我签了专门的租房合同，添置了足够居住和生活的所有物品，包括厨具和纸巾，我几乎是拎着包就可以进来居住了。她还不厌其烦地教我各种电器的使用方法和注意事项，并告诉我，当我住进来后，她就不可以随便进来了，进来必须得到我的同意。

美国本来很干净，大学里到处都有纸巾，餐厅里、卫生间里，甚至随处的桌子上，几天下来我忽然发现，带的纸巾都没有开封用过，才意识到这个问题。

周四应Stanley邀请，我给他的学生们上了一堂介绍广州旅游的课，他做翻译，但结果却是一堂有些不尽如人意的课。我是进行了很认真的准备，觉得自己讲得还行，但学生们的反响好像一般，一些历史典故、人文趣事之类的好像应和度不高，是我高估了他们的水平？因为Stanley一般都提前10分钟下课，最后一些内容比较赶。很多女生选他的课，我跟他开玩笑：是不是因为你是靓仔。不过我也应该向他学习注意自己的外在形象，从审美的角度看，谁不喜欢颜值高的教师。我注意到以下几个情况：第一，美国学生上课都没有教材，很多学生只有一本笔记本。网上能下载教案和教学计划吗？第二，可以再选听一些课程，目前选的是 Foundation of Sport Management（体育管理基础）和 Sport Finance（体育金融），但这两门课程的时间有冲突。还要向 Stanley 请教如何上美国学术期刊网，抓紧查一下公共体育服务方面的资料。

这几天都是阴雨绵绵，看来这边也不总是碧空万里。旁边有家中国小餐馆——金星，但里面的菜并不咋样。

怎样能尽快提高语言能力，并找到能与当地人多交流的途径呢？这是我近来常思考的问题。

03

2015年10月5日

获得幸福的思维方式

看了一篇文章：教育能给我们带来什么？

耶鲁大学前校长 Richard Charles Levin 提出：教育不教知识和技能，却能让人胜任任何学科和职业。本科教育的核心是通识教育（Liberal Education），是培养学生批判性独立思考的能力，并为终身学习打下基础。教育能让人信服地胜任任何职位，驾轻就熟地精通任何学科。(夸张吗?)

美国小说家 Wallace 认为，教育不改变生活环境，却能改变人的思维方式。如两条小鱼的故事：什么是“水”?① 教育的目的不是学会知识，而是习得一种思维方式——在烦琐无聊的生活中，时刻保持清醒的自我意识（Self-awareness），不是“我”被杂乱、无意识的生活拖着走，而是生活由“我”掌控。学会思考、选择，拥有信念、自由，这是教育的目的，也是获得幸福的能力。

以下是记录哈佛大学“幸福课”的教授 Tal Ben - Shahar 的

---

① 寓言故事：两条小鱼一起游泳，遇到一条大鱼从另一方向游来，大鱼向它们点点头，说：“早上好，孩子们，水怎么样?”两条小鱼一怔，接着往前游。游了一会，其中一条小鱼看了另一条小鱼一眼，忍不住问：“水到底是什么东西?”

讲课要点：

教育能让你活得更幸福，幸福取决于有意识的思维方式。以下是12点获得幸福的思维方式。

（1）不断问自己问题。每个问题都会开启自我探索的门，然后，值得你信仰的东西就会显现在你的现实生活中。

（2）相信自己。怎么做到？通过每一次解决问题、接受挑战，通过视觉想象告诉自己一定做得到，也相信别人。

（3）学会接受失败，否则你永远不会成长。

（4）接受你是不完美的。生活不是一条一直上升的直线，而是一条上升的曲线。

（5）允许自己保有人的正常情感，包括积极的和消极的情感。

（6）记录生活可以帮到你。

（7）积极思考遇到的一切问题，学会感激。

（8）简化生活。贵精不贵多，对自己不想要的东西学会说“No”。

（9）幸福的第一要素是：亲密关系。这是人的天性需求，所以，要为幸福长久的亲密关系付出努力。

（10）充分休息和运动。

（11）做事有三个层次：工作、事业、使命。找到你在这个世界的使命。

（12）记住：只有自己幸福，才能让别人幸福。教育子女最好的方法就是做个诚实的父母。

Shahar教授的“幸福课”，最近几年在网上一直受人追捧，我现在正在做的就是他所说的第六条哟。

04

2015 年 10 月 5 日

初入教堂

昨天周日，我去了教堂。美国的教堂很多，光我住的附近，往学校方向就看到了 5 个教堂，据说 40% 的美国人星期天都要去教堂，但 Stanley 一家不去。

早上一觉醒来，觉得又是老毛病，头蒙蒙的像没睡醒一样，也许是时差的原因。大概 10 点才到教堂，每个人见面都必打招呼“Good morning”，笑容可掬。我进到做礼拜的大厅，好像这一拨已经结束了。一名白人男士，看样子也是负责的，主动与我打招呼，问我姓名，来干什么？我说这是教堂，他马上很热情，问别人这里有没有中国人，能否讲中文，然后把我介绍给周围的教友。他把我带到地下层，这里有暖气，已聚集了很多人。他告诉我，大概是说，等会这里有个交流会，11 点钟结束，让我一起听听，并介绍了一对东南亚夫妇给我认识，陪我坐下，感觉教友都很友善、有礼貌，我一个外来者，坐在一个陌生的环境中，但很快就不紧张，安静下来了。我本来穿了很多衣服，但这里有暖气，很多人穿着短袖衬衫，我又不好意思脱衣服或离开，但当心静下来后，尽管穿着很厚的衣服，都不太感觉热，真应了那句话：心静自然凉。

有一个人在前面主持交流会，黑板上也写了些主题、关键词

(Forgive、Confess、Repent)，大概是讲人与人的关系，若有矛盾，冒犯者应该忏悔，受害者应该宽恕，这样就可以建立一个新的良好关系。大家自由发言讨论时，每个人都可以讲自己遇到的问题麻烦，主持人和大伙就一起帮他出谋划策。间或主持人会请某人读一段圣经，有时大家还默念祈祷。整个交流会就像一个恳谈会，气氛非常融洽，大家畅所欲言。我想，如果教友信任这个集体，信任其他教友，他就愿意把自己个人问题，甚至隐私在大家面前讲出来，请大家帮忙。这就像一个家庭会议一样，大家在这里坦诚相见、互诉衷肠，解下了与陌生人、同事、一般人之间的那道防御的盔甲。如果真若如此，教友是幸运的，他们在这里实际上是做心理咨询、心理诊疗，得到了一次心理按摩、心理慰藉。

交流会大约进行了一个钟头就结束，我因为穿多了较热，急忙出来了，看见做礼拜的大厅门口站了不少人，可能 11 点还有一拨做礼拜。我观察到，来教堂的大部分是中老年人，是夫妇一起，白人多。不过也可能是这个教堂白人多，下周再去看看。

昨天又是晴天了，这边只要晴天就碧空万里。10 月正是金秋时节，秋高气爽，要多出去走走。昨天转了一圈，以金星中餐馆为中心，把住处、学校、沃尔玛连接起来了。我还发现了后边一所学校，有很好的运动场地设施，以后可以多去。

美国一般家庭都有两辆车，这么多车，它的空气怎么没污染？是因为汽油质量好吗？

05
2015 年 10 月 7 日

第一次上一对一的英语课

美国人怎么不怕冷，这么抗冻？穿得少，吃的都是生的、凉的，这是因为他们吃的食物热量高，以及从小养成的生活习惯、生活方式吗？

美国人为什么多胖子？特别是大学里，有更多的是黑胖女孩。我自己观察其实美国人动得少，因为车多，车太方便，寸步都要开车。当然他们也有专门的运动，但那毕竟不是每个人都能做到的，不是经常的。另外，可能就是他们的饮食结构。

美国的加油站都是自助的，油价分三种：一般的、较好的、优质的，每加仑 2 块多美元，1 加仑等于 3. 78 升，折成人民币，相当于 1 升油 3 块多，比中国便宜一半左右。

今天跟 Mora 上了一堂一对一免费的英语课，感觉还不错。我英语听说能力是较差的，又不能够自信大胆地去说，所以就越来越差，没有提高的机会和可能，这种真正的大强度的一对一的对话交流是平生第一次。

今天的上课增加了我张嘴说的自信心。感觉她态度比较好，一直鼓励我说，而且不厌其烦地重复话语和发现并纠正我说话中的错误。比如 company 和 companion、contact 和 contract 的不同，而且她也有一些教学技巧，比如选择的 Topic（话题）都是我熟悉的，容易讲的话题。今天主要说的是我的专业：Sport Management，下一次 Topic 定为 Surprise to America。她还有一些图片等教学道具，一个小时下来，思想高度集中觉得很累。我关键是很多词当时学的时候不注意读音，或不会读或读错音，所以别人正确的发音也听不太懂，没反应。加之听说机会少，所以这方面较差。今天这节课最重要的是张开嘴了，有些自信心了。后面若继续跟她学，就要收费了，每节课 18 美元，学不学呢？我还要考虑，有些纠结，若有个美国人跟我结伴，我教他汉语，他教我英语，这是最好的。

06

2015 年 10 月 9 日

为食堂老太太退休举行的欢送会

前两天看到一个数据，说 1 000 个最常用的英语单词占了英文使用率的 90%，2 000 个最常用的单词占了 95%，我一想，有道理啊，这不就是我们说的 80/20 法则嘛，要抓住英语学习的重点啊，这 2 000 个单词学好了，英语基本的听说读写能力就具备了。我就上网找这 2 000 个基本词汇，还真找到了，按照使用频率排序，从第一个词 the，一直到第 2 000 个，这些词我基本都认识，但运用它们的能力差，一些词发音不准，我决心尽快把这 2 000 个单词学好，会读、会听、会用。

今天在洗手间还碰到一位 ESU 老师，他中文说得不错，他说自己在这个学校教中国哲学，张嘴就说：有朋自远方来，不亦乐乎。他只是在中国待了一个月，但他经常和上海的一位朋友用汉语打电话，所以中文能说一些。其实他们中文能简单听说一些，运用能力强些，但他们毕竟学的时间短，读写较差，像 Mora 也是一样。但我们中国人的英语刚好和他们的中文相反，我们经过了较长时间的系统的英语学习，读写都有一定基础，但因为应试英语或运用机会少，我们的听说运用语言的能力比他们差。来这边后，感觉听的能力更加重要，听不懂什么都白搭，而说可以用简单的词句，母语的美国人基本都能听懂。

美国人很有人情味，美国是一个有人情味的国度。今天在学生食堂遇到一件小事，再次证明了这个论断。今天是食堂门口那位打卡的美国老太太退休的日子，门口换了年轻的黑人女孩。我看到打卡的桌子上写着：今天我退休了，这里换了新同事，祝大家开心。正在吃饭时，听到左边大厅里有一阵阵鼓掌欢呼声，看过去，原来是一群穿着食堂制服的工作人员正在给他们的同事——那位门口打卡的要退休的老太太举行一个欢送会。吃完饭要走出食堂时，看见门口的墙上写着：欢送 × ×，她今天退休了。下面有很多人写的祝福的话语和签名。呵呵，美国人，一个食堂老太太退休至于搞得那么隆重吗！老太太一定很高兴，有一种被尊重的成就感。

今天在食堂还碰到士博（来 ESU 做一年交换生）和他的同学，准备出发去华盛顿玩，他们和几个国际交流的同学租了两辆车去玩，我说以后再有这种好事记得叫上我。是啊，在这个乡下待久了，还真想去城市里转转，人的生活是需要调节的，总在一个生活圈和一种节奏下都会烦的。

12 号（下周一）是美国的哥伦布日。为了纪念哥伦布发现美洲大陆设立的节假日，全国放假。有意思的是，当年哥大爷先后四次去美洲大陆，他一直以为自己到的地方是印度，所以叫当地人为印第安人。

我还是决定在这边买保险，以防万一。美国治疗费非常贵，Stanley 告诉我，一个学生因为没买保险，打了三次吊瓶花了 1 500 美元。真的吗？高得离谱，还说中国医院收费贵吗？

07

2015年10月11日

广州的英文名叫 Canton

今天，看到燕红（我的一个学生）在微信里面说：在操场看到安安（我6岁的儿子）了。安安问她："我爸爸什么时候回来?"我突然想起：是啊，每次我们视频通话，安安从来都没说过想我，但每次又不让关视频，每次都问：爸爸你什么时候回来？儿子用行动在告诉我：爸爸我想你！想你回来，我爱你！但他嘴上从来不说，儿子，你真是个小男子汉了。

早上，看到微信里说，开心麻花拍的《夏洛特的烦恼》票房达到8.5亿了，联想到前几天徐峥的《港囧》又卖到10多亿的票房，忽然觉得，电影这东西好像谁都能拍，没有那么高深，也不用科班出身。其实有很多名导不也不是科班出身的吗？只要有好的内容，谁都可以成名导、名演员。由此联想到：自媒体时代人人都是导演，都是主角。另外，中国电影万马奔腾的竞争时代已经拉开帷幕，竞争总是好的，是骡子是马拉出来遛遛，当谁都可以出来遛遛时，中国电影的黄金时代就可能来到了。

昨天周末，天气真好。正是金秋送爽、丹桂飘香的季节，我和 Stanley 一家开车上山欣赏风景，另一车人是张P（ESU的一名中国教授）夫人、女儿和河南大学的另一家访问学者，女的是万老师，男的是莫老师。从山上往下看，很开阔，在山与山（丘陵）之间是一个很大的峡谷一样的开阔地带，正是金秋，红的枫叶，在绿的、黄的树叶的映衬下色彩斑斓，使我想起了在北京看香山红叶。峡谷中有很多设施丰富的度假村，今天可惜带着小朋友，不能爬山。看见一些年轻人在钢绳索道上绑好后，一滑而下，看着都觉得刺激。钢绳索道不同于缆车，比缆车惊险刺激多了，在中国好像没看到过。下山时各自回家，没有在一起吃个午饭，是大家关系一般？还是美国特色——吃饭各自解决？

今天上午，星期天，又去了教堂做礼拜。先去了上周去的那个教堂，9 点 30 分到，别人已经在进行礼拜了，估计 8 点 30 分开始的。上次热心招呼我的那个白人男士在台上宣讲，大约 10 分钟，大家再共唱一支歌之后结束了。看到了上次交流会上的印度夫妇等几个人。最后出门时，那位主讲人又非常热情地找我要了 E-mail，还告诉我接下来楼下还有交流会，估计他们每周的程序都差不多。

10 点钟，又去了另一个教堂。这里大部分是中老年白人，认识了一个日本裔的 Tom，他说自己是移民三代，在纽约教钢琴，娶的台湾太太，会说一些中文，很热情地与我交流。这个教堂感觉更正规，上面宣讲的牧师穿着特制的牧师服，每人都发一张这个礼拜的流程表，真是严格按照上面的流程做，一点都不马虎，中期还穿插着唱圣经歌，小集体表演唱歌，有专门的人弹钢琴伴奏，中间大家还有和周围人互相握手问好，这些圣经歌被他们很悠扬地合奏（唱）出来，感觉也很悦耳动听。约一个小时结束后，还有一个茶点，大家坐在一起边吃边聊。

跟他们说到广州，Guangzhou，他们果然说 Canton，他们都用 Canton 指广州，他们都懂 Canton。

08
2015 年 10 月 14 日

家庭 Party

前天（星期一）是哥伦布日，放假，下午和 Stanley 一家去参加他们朋友的聚会。朋友也是福建人，十三四岁时随父母来到美国，在美国读的大学，后来就开了家中国菜的自助餐馆，我也去过，生意不错。很多老外愿意吃中国菜，据说比较便宜。这位朋友还说："我们福建人过来都是开餐馆的，我是我们家族中第一个上大学的。"他们住的地方环境很好，像在一个自然风光的度假村中，房子也很大，估计赚了不少钱。Stanley 告诉我，这边平时也没什么节目，周末经常这样朋友之间开 Party。

来了大约 6 家人，大人近 20 人，小孩也不少。在室外先吃烧烤，然后再吃中国火锅，大家自助式，边吃边聊，很休闲随意。烤牛肉很好吃，很香。来的客人中很多是香港人，早年来美国的，家人之间仍说广东话，我听着基本没问题，也觉得很亲切。我想什么时候听英语也像听粤语一样自如就好了。餐中有红酒和啤酒，大家在酒精的作用下，逐渐放开了，彼此之间交流多了许多。一个香港来的阿伯快 70 岁了，但看上去只有 50 多岁，以前在香港做警察，45 岁就退休了，来到美国，在美国的中资银行又做了保安一类的工作。现在美国、中国香港拿两份退休金，很开心。他们的这种 Party，不像中国，大家围坐在一个大桌旁，撮一顿，他们更随意，更个人化。

今天付钱跟 Mora 学了第一课，后半段她教我认识美国的货币。Mora 可能是比较投入地教学，闹钟响了都没有听到。我觉得自己学得还不错，对基本对话更有信心了。

今天在外边运动时，忽然发现地上落了很多黄色的树叶，抬头看树上很多树枝已光秃秃的，好快啊！前几天各种五彩斑斓的树叶还爬满枝头的。深秋来了，一片肃杀的景象可能很快就会来到，寒冬已悄悄逼近。

09

2015 年 10 月 15 日

小学生式的教学

ESU 是一所教学型大学，教师的教学工作量很大，一人一学期要上几门课，才能完成工作量。我最近主要听了两位教师的几门课，对他们的教学、课堂表现有了些认识。

首先，上课人数不多，这也是 ESU 标榜的小班教学。教师好像能认识每位同学，比较熟络，教师发试卷都是自己一个一个地发，显得较亲切。体育管理基础的教师讲得很细很慢，体育相关法律讲了几次课，一起在抠法律的一些概念、分类，这些比较理论化的东西在我看来他讲得很枯燥，但奇怪的是下面的学生好像听得津津有味。另外，他采用分组教学的方法值得学习。韩国教师讲体育市场、体育金融方面的内容，讲得较快，有些赶进度，以自己讲授为主，也讲得很细，一张 PPT 上所有的点都分析，我觉得这种教法还是比较低级的。

学生学习的积极性好于我们体院的学生，没有睡觉的，也很少有玩手机的，基本上都抬着头在听课，尽管有些教师的课好像比较沉闷枯燥。教师一般都提前 10 分钟下课，比我们体院还牛。另外，有时你会觉得他们的一些做法有点像对小学生的教学。比如有统一的期中考试，而且教师要出标准的试卷随堂考，考完打分后，再发给学生统一讲解，讲完后又统一收回。为什么还要收回？是学院有统一要求要收回保留吗？

这一周是 ESU 的 Homecoming（校友日）2015，即每年的校友返校周，今年的主题是“Wild, Wild, Warriors”，Warriors 是他们学校吉祥物的名字。学校为此安排了丰富多彩的文体活动，有体育的各种比赛、晚会、话剧表演（ESU 有个艺术系），还要选 Homecoming King and Queen。周六有个 Football 比赛，我准备去看。

今天去运动场看到学校的橄榄球队在训练，一支球队队员有很多人，工作人员有 20 多人，显得很专业。想起鲍明晓教授说的专业训练比不过职业训练，他说 NBA 一支球队的工作人员有 100 多人，分工非常细，专业化，所以水平高。ESU 这样一支普通大学的高校橄榄球队都有这么多工作人员，看来鲍教授说的是事实。我用手机拍了几张照，就有人过来盘问：干什么的？为什么拍照？他们对自己的隐私很注意保护，联想起 2009 年在马里兰大学，同事觉得别人的车牌好玩，于是拍了照，被人家追问再三。

橄榄球应该是美国人最喜欢的项目，同一时间，在校园草坪上，学生还在搞简易橄榄球比赛。我注意到，这个学校篮球、网球的场地比较少，也很少人玩，就是 Football 和 Soccer 开展得较火爆，是 ESU 的传统优势项目，棒球有两个场，但好像玩的人也很少。

Stanley 告诉我河南的那位教师可能快来了，也好，分担些房租。

10

2015 年 10 月 17 日

Homecoming（校友日）

天开始冷了，晚上盖的被子觉得有些薄了。今天虽然出太阳，但照在人身上不觉得暖，前几天照在身上一会就觉得热了，再加上风刮得较大，我在外面一直觉得胳膊、手都冷。

这一周，学校都是 Homecoming，这两天应该是最后的高潮部分。星期五晚上有一场篝火晚会，在学校一块大草坪上点了篝火，旁边还搭了个台子，有乐器演奏，旁边还有各种小吃、饮料、免费品尝。篝火是专业人士来搞的，一早就搭起了木材堆，拉起了围栏警戒线，旁边还停了一辆消防车，美国人很重视这种公共活动的安全。今天的橄榄球比赛也出动了很多当地警察，开着警车在球场旁边。篝火晚会人去了不少，但并没有我想象的那么热闹，那么嗨。点火后，大家只是围着警戒线周围远远地观看，我看影视作品中，大家不是经常围着篝火，手拉着手跳舞吗？今晚 DJ、乐队奏出的音乐主要是 R&B，音乐缺乏感染力，大家只是三五成群地站着聊天，这时如果放一些节奏欢快的舞曲，大家可以翩翩起舞才对。我忽然想起刚到美国时，在 Stanley 家看到的电视节目，当时是一个迎接教皇保罗的晚会，一个三人姐妹组合（黑人）唱的歌很欢快，很有感染力，好像叫 *We Are Family*，至今难忘，记得有时间上网找找。

今天上午，在运动场后面的篮球场搞了个 Fan Zone（球迷地带），很多校友拖家带口过来。很多家庭自发地从车里拿出食物、烤炉，现场有很多食品，随便吃，这是美国人观赛前的必备节目，2009 年在马里兰大学时也是这样。下午的比赛，大家一般上午就来，搞个野餐，吃完了去看比赛。ESU 这次的 Fan Zone，更增加了校友之间相聚叙旧的场景，满场都是中老年人，一拨一拨的，可能是一个年级的，或是一个专业的。对嘞，其实每年都有几级是毕业整数年，10 年，20 年，30 年，每年都可以搞 Homecoming 的，我们体院也可以学学。

下午 2 点，有一场专为校友组织的 Football 比赛，我是怀着很高的兴致，期待了很久。但结果让人失望。可能是为了表现给校友看吧，ESU 找来的是一只烂队，水平完全不是他们的对手，上半场结束时，比分 34：0，搞得观众们兴趣索然；中场时，也因为风大有些冷，很多人和我一样中途离场了。ESU，你想表现也不能专找软柿子捏呀。对呀，想起来了，对手的四分卫好像很少扔长传球，都是持球突破，为什么？是不是“放水”呀。

回来时，在家附近有人搞 Party，放很响的音乐，放了一天，走近看，原来也是 ESU 的校友聚会，这帮人看上去比较年轻，估计毕业不久，可能对学校统一的安排不屑，或与那群老校友没有共同语言，所以自己搞了个独立的小 Party。美国人的 Party 真多，多在户外，与大自然接触，自由交流。要是中国人聚会，一般就是撮一顿、唱唱 K，或打牌。真是不一样。

11

2015年10月18日

教堂的财务预算

真是冷了，外面只有5℃，金星中餐馆的老板告诉我已经结霜了。一下子就冷了，我坚持不开暖气，等到外面0℃时再开。

今天（星期天）早上又去了教堂。这回11点才到，赶上他们一个完整的祷告过程，原来这边也有进程安排表等资料发。先是一个牧师领着大家唱了3首歌，这些歌旋律很柔美，很动听。然后换了上次那位牧师给大家主持，看来这个人是这个教堂中很重要的角色。牧师口若悬河，而且很有激情，他时而给大家宣读圣经，时而脱书给大家讲解、开玩笑，时而又领着大家祷告，每次礼拜都有一个主题，一直讲了1小时20分钟。做完祷告，牧师又站在门口跟每个离去的人寒暄告别。

回来后，我仔细研读了教堂发的材料，发现这个教堂的工作日程安排得很满，不仅仅是周日做个礼拜而已，每周其他天也有活动，即使是周日，从早上8点30分开始一直到晚上都有活动，不同主题的活动丰富多彩，这个教堂应该是该地区比较大的。

在今天发的材料中，我还看到一个该教堂2016年的财务预算，在10月25日的教堂商务会议上将对这个预算进行讨论表决。预算只有支出，从支出明细上可以看出，这个教堂一年的总费用支出为338 000美元。牧师有两个专职的，高级牧师年收入为

67 500 美元，副手牧师为 59 000 美元，另外两个牧师还有一笔公共服务支出，如旅游费、电话费等。人力支出还有秘书费 37 850 美元，门卫费 12 560 美元。牧师的收入基本上是中等收入，高级牧师还要偏上一些。另外主要支出有：行政支出、教会教育、有形布置、各种成人委员会等，我注意到还有一项是财产税。

没看到收入预算，很想知道它的收入都来自哪里，30 多万美元啊，不小的数目，全部来自教友的捐款吗？天主教教友是上交自己收入的 10% 。有没有政府的投入？听说还有教会的自营收入，有点像非营利组织的收入结构了。

这几次去教堂，是看到有人拿个小盆子让大家传，少部分人放了些零钱，大部分人什么都没放就传到了别人手里。我不清楚怎么回事所以没放钱，下次可以放些。

今天上网看了下，J1 签证要想留下来，只有两个方法：难民和黑民。还看到有个访学者觉得来这边很无聊，一年的时间想提前半年回去。我很能理解她，是有些无聊和孤独，好在这次来是我的人生目标之一，另外我也有些排解的方法，比如写日记：自己和自己说话。孤独的日子可以过得清冷，也可以过得清欢，想起刚看到的于丹的话：人间自在是清欢。

12

2015 年 10 月 19 日

还是要让孩子们多玩

尽管温度低，且刮着风，但天气晴好，阳光、蓝天，万里无云，有时真觉得这天蓝得“没心没肺”的好，好像在室内做什么都是浪费，唯有在户外，在蓝天阳光下享受大自然，才不负老天爷。

下午在小学的草地上慢跑，看到不少小学生在草地上玩耍、嬉闹，在这么好的大自然环境尽情玩闹，孩子们自然是最开心的，玩是人的天性。由此情此景，忽然想到在地球的另一端，像我儿子一样的中国小朋友有这种机会尽情玩闹吗？即使有，也应该有这么好的环境才好，心中顿生羡慕之感。

在网上看到一个来美国访学的中国学者说，他带着儿子过来的，儿子在这边读小学三年级，但美国五年级的题只相当于中国二年级的水平和难度，回去还要补课。从微信上看到苏平（我的一个在职研究生）说她儿子刚上大班，她犹豫是让儿子读大班，还是读外边培训机构的学前班。她周围的一些家长是选择让孩子读学前班，学的更早更多，上小学后成绩会比别人好。国内的教育是以减少孩子的玩乐、自然全面的发展为代价，而换取早期的、暂时的知识、聪慧，但这何尝不是拔苗助长呢？孩子失去的是全面的个性健全的发展，在学习后劲、成长的后期上会因为先天不足而提早夭折，或后劲乏力。

跟我们体育运动训练一样，每一个阶段有它自己的目标和规律，不可拔苗助长。训练早期自然是培养兴趣，打下身体素质基础为目标，不是过早地上专项、上强度，否则，苗苗会后劲乏力，过早枯萎。孩子的教育是一个道理，不可急功近利，如果让他自由、快乐、天真的心灵过早被学业、强迫、枯燥、功利所蒙蔽，孩子的人格就不能健康全面地发展。

孩子还是要根据其天性去引导，多玩、多动、多开心、多无忧无虑。

13

2015 年 10 月 21 日

小宇宙爆发

我 9 月 21 日到的美国，今天刚好一个月。根据以往的经验，觉得时间快，就是过得好；反之，觉得时间慢，就是过得不好。我扪心自问：觉得时间过得快、还是慢？中等，不快也不慢，呵呵，不是中庸之道吧！总的来说各方面都还比较顺利，压力也不大，美中不足的是 800 美元的房租有点贵，一个人住一个独栋，是自由舒适，但有些孤单。按照计划，前半段主要是以学习为主，后半段以查文献、写论文为主。这段时间温度适宜，秋高气爽，空气好所以坚持运动，每天两次半小时的快走和慢跑，晒着暖阳，呼吸着清新的空气，望着蓝天，在这种环境下自由舒展地运动真是惬意。美国天气也很给面子，这一个月天气让我好好领略了美国优美的环境，秋高气爽、层林尽染，真是幸运，最好的时节让我赶上了。估计后边会慢慢准备迎接数九寒冬的冰雪世界了。

连续听了他们三门课程的几十次课，觉得美国的大学教学确实比我们对学生的要求多。教师经常要求我们分组讨论，布置作业，还有测验，特别是分组讨论这种教学方法，以组为单位要制作 PPT，向其他同学汇报。可以借鉴。美国学生学习的积极性比我们的学生高，在课堂上即使他可能不专心听讲，但一般学生不会睡觉，不会玩手机。我问过学生，他们认为这是对教师工作的一种尊重。至于教师的教学水平、学生的知识能力水平感觉大家相差无几。美国也有些教师的教学水平不敢恭维，还处于教学初级阶段，这要是在中国，学生可能要给他难堪了。

今天第四次跟 Mora 学英语，觉得很有收获。她很会选择话题，让你有得说，比如 Sport，Son，Major，Surprise。今天被她逼着一直不停地说，于是小宇宙爆发，跟她讲了张伟小时候打牌输不起：Sour loser（输不起的人）；讲了何灼强在 1988 年汉城奥运会上的失利，我自己都不敢相信我能用英语给别人讲故事了。她自己在课后也情不自禁地说："It's a good lesson." 另外，她教我区分 Character（inside）and Personality（outside），这些词用中文都很难找到对应的词，但她一说 inside 和 outside 我就完全明白了。还有让我找 Dose sport improve person's character, and reveal person's personality?（运动能够提高人的哪些性格特征？能够显露哪些个性品质?）这些都给我留下了很深的印象。学习英语，确实要用，要使用一些词，一旦用了这个词，你才真正地有印象，或者说你才真正地掌握了这个词。

今天走的时候忘了给 Mora 课酬，她当时就直接提醒我，我说对不起，她明显地也没当回事，认为我肯定不是故意的，而是忘了，美国人的直率可见一斑。Mora 给我印象是一个有文化和教养的美国女人，所以跟她打交道我也应该展现一个中国 gentleman 的风采。希望能和她成为朋友，因为我还没有美国朋友。

14

2015 年 10 月 23 日

美国人的收入

今天跟 Mora 上完英语课，她问我：你有没有感觉自己进步了？我说有一些进步。她说感觉我的进步很大，她用正常的语速在说，我基本能 catch，如果她说慢点，我更加没问题了。我今天听她讲自己的父母小时候怎么教育她们，她讲了不少，我确实基本上都听懂了，而且自己也能主动去讲、去提问，说一些有点难度的单词，尽管有些发音不准，尽管还是中国式简单英语，但和我以前相比是进步了很多，要知道我以前在外国人面前是很难张嘴的。

昨天运动时，想起士博跟我说：这边的家庭很多买皮卡、重型车，是油老虎，在中国很少买，因为这边的油便宜。又想起 Stanley 说起他们的收入，就想算算中美之间的收入物价账。

总体来说，相对于美国人的收入，美国的物价是比较低的，但这个差距有多大？

先说收入。Stanley 说他们学校副教授的收入大约 7 万美金，我估计这是税前的，去掉税，是 5 万多，就以 6 万计。这在美国相当于中等偏上一点收入，我上网也查了下，美国人年均收入大概 5 万美元，去掉税 4 万多点。如果以平价购买力（PPP）计算，国际上刚公布的（时间点为 2011 年）人民币对美元是 3.5 : 1，如果考虑国内的物价上涨因素，2015 年大概是 4 : 1，也就是说

Stanley 副教授大概年收入 24 万人民币，美国人均 18 万人民币。相比于在中国的经济发达地区，或者高收入人群来说，美国人的这个收入已不算高了，在广州、深圳年收入 20 万已很正常。不过，我是按 PPP 大致估算的，如果按汇率计算，他们的收入要到三四十万元人民币了。我觉得用 4∶1 的平价购买力来计算，比用汇率计算更准确一些，因为它考虑了消费价格的因素，更有可比性。

再说物价。其实如果人民币对美元的平价购买力（PPP）为 4∶1，已经隐含的意思是：从总体上来说，在美国 1 美元能买的东西和在中国 4 元人民币能买到的东西是一样的。美国人工费、服务费贵，实物商品便宜。听说去医院看病很贵，如果不买保险，打三次吊瓶要 1 500 美元，美国为什么买保险与不买保险的差别这么大？而在中国，即使你买了基本医疗保险，根据我儿子上次住院的经历，只能报 5% 左右，所以其中名堂就在这里，好像都入医疗保险了，都参保了，但你的保障很低。听说美国理发较贵，在正规餐厅吃饭较贵，买书较贵。士博告诉我他们用的教材一本要 100 美元，不过，这些我都还没有尝试。

美国超市里的商品比较便宜，特别是些品牌衣服、鞋、包、电器、汽车，Stanley 新买的七座的马自达才 3 万多美元，我估计那辆车在国内至少要卖到 30 多万元。另外一个就是汽油便宜，一加仑 2. 3 美元，相当于 1 升油 3. 89 元人民币，这对于他们的收入来说确实像买水一样。美国的房子感觉也不贵，在 ESU 附近，一套独栋也就是 20 万美金左右，但不知在大城市，比如纽约的房价怎么样。

所以总体判断是，相当于物价，美国人的收入比中国高很多，但也没有巨大的差异，与中国发达地区、高收入群体比差距已不大。

15
2015 年 10 月 26 日

组约一日游

10 月 24 日（星期六）按照计划，由 ESU 国际中心组织大家去纽约参观旅游一天。美国人的组织工作还是比较有计划、比较细致的。出发前给每个人先后发过两次 E-mail 确定参加，告知行程和注意事项，包括纽约的温度、天气情况，应该带的衣服。上了车后还有签到，及每人发一份 Tips，可见，组织者在做这件事时是很用心的。但没像国内，上车后组织者要做一番讲话，可能组织者 Mike 比较腼腆，也可能这是美国人的方式，他们认为纸上都已写清楚了，没必要再说。从始至终，组织者 Mike 没有公开说一句话。

一辆大巴车几乎坐满，除了中国人，还有各地的学生，通过外貌估计有欧洲的、印度或东南亚的、非洲的。

下车后，首先乘船去参观自由女神像，还上了女神像的小岛上，本想上到自由女神像上，但要另外购票。这是我第二次在船上看自由女神像，感觉还是很震撼，想到“自由”两字，那是人性中最令人神往的终极诉求。这一次还去了旁边的另一小岛艾丽丝岛（Eills Island），据说早期移民都是坐船来纽约的，进了纽约港，他们首先停留的地方就是艾丽丝岛。目前岛上是一个美国移民展馆，地点选择刚好契合历史真实。展馆很大，分别讲了不同时期、不同国家早期的移民是如何来美国，如何安家落户在美国这块土地的不同地区，如何开疆扩土，繁衍发展到今天。我当然关注的是中国移民，关于这部分它也有专题，写的还比较客观。大致内容是：中国台湾和香港以前的移民较多，大陆以前的管制严格，从1980年大陆开放移民政策后，有越来越多的大陆人去到美国。但是近年来，随着大陆经济的发展，以及移民的家庭还在中国，所以有很多中国人在美国读完书，或待段时间后，还是选择回到中国，也有人美国、中国两地跑。

出了登船的公园后，我就沿着马路一直向前走。今天天公不作美，阴天，而且风很大，我衣服单薄，所以觉得很冷。这条马路一看是个主干道，很宽，旁边高楼鳞次栉比，街道设计很人性化，非机动车道又分为自行车道滑板道和跑步道人行道两条，还有专门的一条狗道。纽约市容还是延续了美国城市、大都市的特点，虽然人很多，但街道是干净整齐的。也有很多地方在修路，禁止通行，使大家来往很不方便。在ESU这种乡下待久了，刚进到纽约市时觉得很拥挤、逼仄。

我就这样一直往前走，忽然看到前面怎么这么多人，原来不知不觉来到了“9·11”遗址。两个Pool（水池）的设计庄严肃穆，巨大、深色、流水被吞噬的画面让我震撼。被毁的两栋大楼原址就在这两个水池上吗？水池四周刻着每层楼，什么岗位的遇难者的名字，美国人在他们所有的公共纪念物上，都要刻上死亡者的名字以示纪念，不管人数多么巨大。记得2009年去华盛顿看到的越战、韩战纪念碑上好像也有阵亡者名单，只有每个人都记录了，生者才能够真正对每个死者有了交代，有了可以悼念的凭证。水池周围还有一个纪念馆，要排长队进去参观，还有一个正在建的巨大的白色的和平鸽建筑。

再向前走，就来到了 Hudson 河边。本来河岸边都是大城市最好的地段，如果开发成房地产肯定最抢手，但我看到的 Hudson 河边很长一段没有房屋，而是各种休闲、娱乐、体育设施，有小孩子的草地，有沙滩排球，有年轻人的极限运动，有迷你高尔夫，很多人乐在其中。又看到纽约有名的一景——壮观的跑步大军，居然还看到了一男一女推着婴儿车在跑步。小心啊，你确定宝宝睡觉不会被干扰吗？这些跑友的瘾也太大了。我还看到有一个宣传栏的介绍，上面写道：Hudson 河边的娱乐体育设施众多，不管你想干什么，在这里都能找到你的爱好和乐趣，但这些并没有花政府的钱，是一些捐款和服务收费来建设和支撑运营的，后面还给了一个网址，希望大家关注并捐款。哦，原来这样，这是一个完全不同于中国的，社会力量、慈善捐赠发达，能做很多公共事业的国家。

25 日和 Stanley 一家还有他们的朋友茜茜及其儿子先去喝早茶，后去中国超市（美东）购物。

路途非常遥远，一直开到新泽西州，接近 12 点了，才找到这家广东海鲜饭店，店面面积不大，密密地排了十几围，我们去到还有最后一桌空位，等我们坐下来一会，就又来了很多人，没办法，他们只能等位。东西做得还比较正宗，典型的广东早茶的品种、菜式，味道也还不错，不过我注意到它用的不是竹制的小蒸笼，而是铁制的，不知为什么，经久耐用？会不会影响效果？因为坐得比较拥挤，虽然菜式质量还好，但没有大陆珠江三角洲酒楼的宽敞环境，所以少了喝早茶的那份气定神闲。中午 1 点我们吃完出来时，门口还有很多人等位，听到其中有位男士说：只有这里比较正宗，但就是人多。

接着去了一家大的美东超市，见到货架上都是中国字，货品都是中国货，还是非常亲切的。这里的青菜品种明显比沃尔玛要丰富多了，基本上国内中国超市的商品这里都有。特别开心的是，我居然还看到了武汉热干面，这在广州的超市里都很难见到，家乡的东西是带着乡味的，买了两大包，回来就吃了一袋，原汁原味——大汉口牌。还买了早上喜欢冲一杯的永和豆浆，咸鸭蛋、松花蛋、兰花豆，收获颇丰，够我吃很久了。燕姣（Stanley 的夫人）买了很多青菜，她说要买一个月的，我说青菜也不能放太久了。这边的华人住在乡镇，中国超市又少，所以去一趟不容易，往往采购很多，也是不易。生活习惯，特别是饮食，很难改变，这方面当然还是在自己国家住着比较方便。

16
2015 年 10 月 27 日

专业研讨会

今天上午，体育管理系开一个有关学生就业的研讨会：Sport Careers：Recruitment and Employment（体育职业：招募和雇用），主要目的是向学生介绍体育管理专业的出口、就业岗位，并请了一些业界公司的人与学生见面、交流。

首先是一家体育公司的老总做了一场报告，题目是：The Business Side of Sports & the Impact It Has（体育商业化的一面及其产生的影响）。他一上来放的两张 PPT 给我印象很深，第一张是 Sport Management 是干什么的？有妈妈认为是干什么，社会认为是干什么，教师认为是干什么，我认为是干什么，真正是干什么。第二张给的是真正干什么的答案：Marketing，Digital，Sell tickets，Partnership。PPT 做得很漂亮，都是图，很少文字，直观，有观赏性，报告人说得很快，我大部分都听不懂，但结合着 PPT 基本能知道他在讲什么，哪方面的。大概讲了半个小时，然后是回答提问，大约回答了 5 个问题，结束。

学生去的不太多，有七八十人，应该有不少的本专业学生未到。做报告时，还有一个小插曲，他打开一个视频，结果没有声音，女系主任上去帮忙，怎么也弄不出声，后来在台下学生的口头指引下，终于有声音。话筒的声音也没弄好，最后好像是没用话筒讲的。我忽然联想着自己现在在这些电子产品面前的窘境和排斥，实际上人到了一定年龄，都不能再像年轻人一样对科技产品那么狂热，那么得心应手，这也是Out的表现，即便如这位看上去高大上的经理也不能幸免。

今天继续听“体育管理基础”和“体育金融”两门课，第一门课的教师讲得很慢，而且讲了很多母学科的基本知识，比如以前讲法律，这节课又讲宏观经济学原理，我查了下他们的课程设置，实际上学生在一年级已经学过宏观经济学，这是很多社会科学课程的通病，课程之间的内容划分不是非常明确，自己的课讲了很多别人课程的内容。“体育金融”课的教师继续他的满堂灌，学生听得很无精打采，但没人睡觉。

17

2015 年 10 月 29 日

下雨不打伞

昨天下了中雨。来这边一个多月了，好像这是第二次下雨。去到学校我发现了一个奇特现象，美国的学生基本不用雨伞的。一部分人把衣服上的帽子拉起来挡雨，还有一部分干脆就直接淋着，这么冷的天，被雨淋湿了应该很冷的。在中国人看来，淋湿了会很容易感冒生病的，而他们完全像没事一样。很多教师教工也不撑伞，只是快步行走。是不是这边雨少，这些人没有养成打雨伞的习惯；或是他们身体好，这种淋雨对他们不算什么。我下午见到 Stanley 时就向他提出了这个疑问，他只是说，美国人下雨是经常不打伞，这里有学生下雪天还穿短裤、喝冰水的。呵呵，身体好，抗冻。

昨天终于在图书馆办理了用户名和密码，终于可以自由上图书馆的电脑了，后面一段时间要多查阅文献，搜集一些资料。图书馆不大，但设施服务非常好，免费打印、装订，自助式复印，5 美分一张，在这些细节的人性化设计上、服务意识上明显要好于国内。图书馆只有三层，二楼是安静区，一楼可以上网、讨论，地下层也是安静区。每层都有休憩的沙发区，很人性化。后面的日子要多泡图书馆了。

今天早上醒来看微信，发现十八届五中全会决定全面放开二胎了。作为一个社会科学研究者，我是一直持续关注何时放开的，因为不能再拖了，人口学家早就在呼吁要赶快放开了，甚至有学者认为即使现在放开都已经晚了。能顺应民意做一些得民心的决策，更加注重民生和反腐，是中国现政府相对做得比较好的、得民心的一面。我在群里跟研究生同学开玩笑：二胎放开了，弟兄们加油啊！有人调侃：还是党指挥枪啊。

还有些信息也不错：全面放开竞争性领域商品和服务价格，竞争性领域包括水、石油、电力、交通等；划转部分国有资本充实社保基金；普及高中阶段教育。2020 年人均收入比 2010 年翻倍，不知这个能否实现？物价不知会否也翻倍。

18
2015 年 10 月 30 日

逐渐的变化

来美国，居住在差不多是农村的镇上，一个人有了更多空闲的时光，使我有更多时间和心情去观察周围的一切，大自然、人、房屋、活动。

现在几乎每天下午都去附近学校的草地操场上慢跑和快走。这时的温度已经比较低了，但阳光晴好，冬日的暖阳，自然舒服得不能错过，所以我每次都喜欢在阳光照得到的区域活动。一般在下午四五点钟的半个小时里，太阳斜照着操场，一开始还有大半的面积，就在这半小时里，阳光所辖的区域越来越小，我能感觉到自己绕着操场每转一圈，阳光区域都在缩小一点，因此我活动的区域每圈都在减小，也就半小时后，阳光几乎在操场上遁形了，我也该结束回家了。这种逐渐的变化还发生在一段时间里，白天的日子越来越短，天黑的时间越来越早。一个月前刚来时，傍晚 6 点钟才出去，阳光也能支撑到 6 点 30 分，后来发现需要 5 点 30 分出去了，否则没有阳光了，再后来 5 点，现在最好 4 点 30 分出去，阳光正好。今天走在路上猛一抬头，发现大部分树的叶子完全掉光了，光秃秃的树伫立在蓝天之下。一个月前，它们还是枝繁叶茂，我还拍了不少它们在蓝天下的英姿，只一个月叶子逐渐掉光了。Gradually（逐渐地），今天还用到这个词，如果你每天都能观察体悟到自然、生命逐渐地变化，一点点地改变、一点点老去，一点点发芽、一点点枯萎，就像听到时光在沙沙地逐渐地流走一样，我现在闲人一枚，每天做着同一事时，更能感受到这种逐渐的 Change（变化）。

小学里每天都有些学生比较晚才有家长来接，所以我在操场运动时就经常能看到一些小学生在旁边玩。他们看到我这个伯伯亚洲人的陌生面孔，又戴着厚玻璃底一样的镜片，每天一个人在这儿运动，估计是个怪人、怪老头，一般都不敢与我说话，最多笑一下，说句“Hello”。今天不一样，一个黑人小女孩比较胆大，我转第一圈时，听到她向同学介绍“...my friend”。转到第二圈，她问我：“You are my friend?” “Yes.”第三圈，她又问：“Your name?” “Hong.”我走过去时，只听见她和同学的笑声，估计是笑这个名字怎么这么怪。第四圈时，她又向我打招呼：“Hello, Hong!”我问：“What's your name?” “Yazedun.”我也不知道怎么拼，只记得“鸭子顿”。再转过来，她不理我跑到另一边玩去了。你有胆和怪老头说话，还交了朋友，不错啊！

今天在图书馆查文献，他们给的 ProQuest 数据库感觉不好用，搜到的文献少而且很多看不到全文，我发现用 Google 的 Scholar 搜的更多。中国体育里的很多词与外国对接不上，大众体育（Mass Sport）、公共体育（Public Sport）等都很少在英文世界出现，发现公共体育的英文文献大部分都是国内期刊的，只有一个英文文献。西方很少研究公共体育？或是还有其他对应的词汇？Sport Standard 也很少，我忽然想到，Sport Standard 可能搜 Google 的网页会得到更多的有用信息。

19
2015 年 10 月 31 日

万圣节

今天是万圣节，西方的“鬼节”“南瓜节”。早一两周就看到周围很多家庭在屋外布置，南瓜是起码要有的，我还真不清楚这南瓜是真的，还是工艺品的，剪成人的脸，有五官，超市有卖的。有些家庭布置得很齐全，有彩灯，有各种鬼的画像，有身穿白衣的女巫立着或挂在门口，还有阴间的丝网一类的东西。

早上收到 Stanley 的微信，说今晚可能有学生会去要糖，最好晚上别开灯。这让我充满了好奇，他们是怎么过这个“鬼节”。

下午去超市买东西，大约 6 点钟走在快到家的路上，发现路口好像多了些穿制服的人在指挥交通，主要是拦住汽车让行人通过。再往前走，看到路上有明显比以往多的人，三五成群，有些人的打扮怪模怪样，我马上意识到“鬼节”的节目开始了。我悄悄地把买的东西放在家的后门口，都没好意思从前门走和开灯，赶快回到马路上，跟着人群，看个究竟。

我住在学校旁边的东斯特劳斯堡镇上，大家都是一栋一栋的小别墅，马路纵横交错，我平时出门很少见到周围的邻居，马路上车倒不少，见车不见人，我经常以为很多房子里应该没有住人，看今晚这个架势，人真不少，这些人都从哪里来的？全镇的人都出动了吗？

再仔细看周围的人，大部分都特意装扮了，最多的是打扮成妖魔鬼怪，也有扮成超人、蜘蛛侠、橄榄球运动员等，整个就是一个化装舞会。大人有一部分装扮了，小孩几乎全部都装扮成各种自己喜欢的模样，有些妖怪的打扮真挺吓人的。小孩子在大人的带领下，开心地走到每一家去要糖果。而此时，大部分家庭的门口都坐着一两位中老年人，每个孩子来到门口，会把一些糖果放在孩子事先准备的袋子中，说些吉利开心的话，逗一逗孩子们。一般门口没有坐人的家庭，孩子们基本不去打扰。我看到几个大一些的小孩，胆子比较大，有些家里虽然门口没有人，只要屋内亮着灯，他们都会走上前去敲门讨糖吃，大都没有空手而归。所有万圣节传统的“Trick or Treat”，不给糖就闹的戏码如今基本不会上演。

还真有与众不同的家庭，有一家门口聚集了很多人，好像还在排队，我也凑热闹想看个究竟。只见有两个年轻人把守在门口，他们不发糖，孩子们当然有意见不放过，那你们就进到屋里的“鬼屋”去闹吧。一次大约放进去10个人，里面黑乎乎的一点光没有，进去的人像被吞噬一样毫无声息，但偶然间，屋里传出几声尖叫，大约10分钟，从前门进去的人终于从后门出来了，一个个惊魂未定的样子，这时前门再放一批人进去。我真想进去走一趟，但排队的人越聚越多，只好作罢。节日对人类来说是必需的，总要找个由头来娱乐放松一下吧，不能日复一日每天都是一样的工作、吃饭、睡觉，那多无聊啊。我觉得这是人类的祖先们设置节日的根本目的，然后才是产生一个个独特的、具体的节日。或者说，具体什么节日不重要，重要的是它是个节日，可以理所当然的放假休息、开心胡闹，所以节日是生活的调味剂。你看这万圣节，孩子们多开心啊，没有它，这斯特劳斯堡镇的人们多难见一面啊。我忽然觉得，这有点像我小时候的春节，记得那时在父母单位的家属区，或是奶奶的农村老家里，大家都是要挨家挨户串门的，小孩们每去一家都有利是钱和糖果的。

今天偶尔在网上看到一个介绍自己考托福经历的文章，“从50分到100分”，够励志的。作者确实下了死功夫，大半年时间没日没夜地学英语，终于取得理想成绩。我也正为学英语而痛苦犯愁，自己也经历过很多次英语考试，深深地理解如果英语在小时候基础没打好，长大后再学是多么的艰辛，要付出多大的努力。而且在中国，立志要考托福、考GRE走这条出国求学路的人不计其数。再看看我现在身边的美国人，他们不用做这件事，也意味着他们可以把更多的时间精力用在其他事情上，这就是机会成本，中国学生学英语的机会成本非常之高。此时我眼前浮现的是两幅截然不同的画面：中国考英语的学生利用一切时间在拼命学英语，上专业课时在下面偷偷学，边吃饭边在学，宿舍熄灯了点着蜡烛熬夜在学；而美国的学生却在专心上专业课，在Party上尽情嬉笑玩乐，在运动场上尽情挥洒释放自己。

当然，这个付出也有回报，如果英语真学好了，出国学习、工作了，我们能够用两种语言去表达、去思考。我想在两种语言之间切换的感觉一定很美妙，而这是只懂一种语言的人无法体会的。但愿我们中国人都能从小打好英语基础，不用花太多的成本就能在两种语言间自如切换。

20

2015年11月3日

手机上的时间怎么不对?

前两天的早上起床，发现手机上的时间怎么比手表的时间慢一个小时，又去看客厅钟的时间和手表一样，我纳闷了很久，这手机时间怎么会慢了整整一个小时呢？从来没遇到的情况，于是把手机时间调快了一个小时。昨天（星期一）上午去图书馆上网，发现电脑上的时间比我手机时间慢了一个小时，看其他电脑也是同一个时间，我就又把手机时间调慢了一个小时，下午回到家看到手表和客厅钟的时间又与手机时间不对，就又把手机时间调快一个小时，调来调去，我一直没弄明白问题所在，一直以为最开始是调错了时间，导致后面一直修正，是正常的。

今天早上跟儿子视频完，一路小跑去学校赶9点30分的课，等到了教室门口发现怎么教师不对，就没进去，于是在一楼大厅里坐着，准备等到11点听下一位教师的课，快到11点时，我抬头看到大厅里的钟，怎么不到10点，又比我手机慢一个小时，我就上百度查现在几点，北京时间22点多，相差12个小时，跟我手机的时间对得上啊，我向下扫了几个条目，有一个标题大概是说，美国夏时制10月31日结束，我一下子明白过来，这几天来把手机时间调来调去，原来最开始的时候手机上的时间就是对的，从夏时制回到正常时间，它自动向后调整了一个小时，应该手调的是手表和钟的时间。我一个人住，平时又不看美国新闻，过得是封闭式生活，闹出这个对我来说很有意思的笑话。

今天下午去剪发，这是在美国的第一次剪发，前面他们就告诉过我：美国剪发很贵，20美元，还要另收小费。我们国内没有给小费的习惯，我也不知给多少，怎么给，他们说12%左右，我继续担心如果我没带零钱怎么办？为这事，我一直拖着没去剪。头发越来越长不剪不行啊，鼓起勇气，硬着头皮去了。出门之前，我还翻看了钱包有无零钞，没有，就特意拿了两块钱硬币。理发店只有两个男师傅，他们正在给两个男学生剪发，告诉我前边还有一位。我坐下来边等边观察与中国理发店的区别，看见他们都是干剪，没有洗的水池，师傅理得特别认真特别细致，也特别慢。前边的小伙子理完后，我仔细观察他怎么付钱，只见他问：How much？答曰：Twenty。小伙子给了20块钱，理发师接过钱跟他说了什么，小伙子有点不情愿地又掏了三张一美元纸币。轮到我了，剪得很仔细，大概足足用了20分钟，这可能相当于国内3倍的理发时间，理得差不多了，他拿一个镜子照着我后面给我看（反射到前面的镜子里），我说I can't see，他明白了，把我的眼镜递给我，我戴上后，他继续拿着镜子照我头后面，好让我通过前面的镜子能看到自己头后剪得怎样，这种细节在国内从没遇到过。我整体看了下，确实不错，很满意，这边理发是慢工出细活啊，而且服务注重细节。我问：How much？答曰：Seventeen。我开始没反应过来，因为我等着他说Twenty或Twenty以上的，我给了他一张20块的纸币，他很高兴地收下了，三块的小费大家心照不宣，也不用找零了。

21

2015年11月5日

取自己的钱都这么麻烦

昨天下午跟Stanley去银行取现金。我带的现金大部分都用于交房租了，已经所剩无几，手头上有一张建行的万事达双币信用卡，我走之前在里面存了4 800美元。我上网查了下在美国如何用中国卡取钱，知道可能要交手续费，管不了那么多了，能取到钱交点手续费都可以接受。

我们来到一家银行的ATM机上，上面写着Mastercard的标志，应该没问题。插卡进去，还有语言选择，保险起见当然选择中文，操作取1 000美元，结果不出来钱，出来一张纸片上面的意思是我的存款（信用）不够，再试还这样。Stanley问：你的卡里有没有钱？并开玩笑：是不是钱被人划走了。他去问柜台工作人员，他们也说不清楚。又去ATM机上试，取100美元，屏幕上告知，要收3.5美元的手续费，收吧，咋办，出来了钱，同时出来的小纸片上写着还能最多取200多人民币，有没有搞错？我接着就拨打卡后面的建行境外24小时服务热线，这时国内正是半夜呢，不错，等了一会接通了，我首先让她确定一下卡里是不是有几千美金，不错还在。接着交流了好一会儿，电话那边的姑娘告诉我：查到我刚才取的100美元走的是国内银联通道，我卡里很少的人民币，所用透支只能支取这么多，如果想多取美金，要走国外的万事达通道，我问在国外 ATM 机上如何选择通道，姑娘回答：这我不知道，国外的我也没用过。OK，不难为她了，确定卡里有钱，心里先踏实了。

接着，我们去接 Stanley 家人一起吃饭，人多他换了一辆大车。在去饭店的路上，我发现自己的钱包不在身上和包里，钱包丢了？身上只有一张刚才的信用卡，是不是掉在刚才那辆小车上了呢？于是又开车回去找，结果小车上没有，自己并没有慌张，开始回忆最后见到钱包是什么时候？他们夫妇也帮我回忆、分析，最后判断可能忘在银行了，当时我坐在银行椅子上打建行服务热线电话时，好像钱包在手上拿着，后来起身边打电话边出来上车。我们又赶快开车去银行，5 点多才到，此时银行已关门了，但里面灯亮着还有人，估计是已经不对外了，但职员在查当天的账。我们在玻璃门外敲门，里边的人看见我们冲我们笑，其中一个人去贮物柜拿东西出来，我定睛一看，是我的钱包，这个人开门出来把钱包交给我，说：你的运气还不错。是的，谢谢你们，我这丢三落四的毛病什么时候能改啊！

回来后，我把钱包里的国内身份证、银行卡等在美国不用的东西都清理出来，放在家里，把随身包里的护照和 DS2019 表等也放在家里，平时不用带这些重要东西，只需出远门时才带上即可。晚上跟 Stanley 一家去吃西餐，虽然没睡午觉有些困，但钱包失而复得的好运气还是让我很兴奋很开心，觉得牛排、面包都不错，三大二小加小费一共 55 美元左右，觉得不贵。

钱没取到不行啊，今天下午又跟 Stanley 去试试。原来附近就有一家银行，在门口的 ATM 机上一样取不成，只好去柜台取。工作人员拿着我这张信用卡看来看去，互相商量着，问我有没有 ID，证明自己，我昨晚把护照、身份证都放在家里妥善保管了，现在身上什么 ID 都没有，无奈只好回家去取。再次返回，工作人员看了护照和身份证，拿着身份证问：这是什么？我又交给她一张 ESU 的校园卡，拿着校园卡她终于说：OK。原来你们只认你们美国发的卡啊！看着取到的绿票子，Stanley 感慨地说：取自己的钱都这么麻烦。

今天下午，Stanley 叫我去他办公室，介绍了一位美国女学生 Nikki 给我认识。Nikki 明年 8 月份作为交换生去沈阳师范大学一学期，现在想学汉语，Stanley 的意思刚好我们可以互相学习对方的语言，就不用再交钱学了，我觉得可行，跟小姑娘用英语简单交流了一下，她有点腼腆，汉语应该很差，大家互相加了微信，试试呗。

22

2015 年 11 月 7 日

Garage Sale（旧货销售）

我的房东 Mora，年约 60 岁，是个典型的美国白人，感觉她非常节约，甚至从她身上看到美国人的一面：节俭。

我住的房子据说是有 100 多年历史的木屋，而且周围全是差不多的小独栋。虽然房子年代已久，但并非年久失修，房子应该一直很注意保养，各方面设施设备虽看上去有些旧，但都能正常使用。屋里的家什在我看来很多都是古董了，但擦拭干净仍在使用，我现在这个卧室的床、柜子、写字台都应该有几十年的历史了，但我坐在里面感觉古香古色。

今天早上她在自家的后院搞了个“Garage Sale”，我一看，嚯，她还有这么多的古董货。原来她把自己不用的二手的东西，大到沙发，小到盘子、杯子和小孩玩具摆了整整一个院子，让周围的人、路过的人选购，就像中国人说的跳蚤市场，但这个卖家只有一个，我心想这能有人来买吗？出乎预料，来光顾的人还络绎不绝，除了周围的邻居，我从前门看到有些人开车经过时看到“Garage Sale”的告示牌，还专门停车下来看看。东西都很便宜，可以讲价，我看到一个很大的沙发（五六人坐的拐角沙发）被 50 美元卖出，我问 Mora：你怎么有这么多东西？她告诉我很多东西是她丈夫的弟弟的，他们搬家去到很远的地方，这些东西就请她帮忙处理掉，她说如果这些椅子一类的你需要的话，尽管搬到楼上去用，不过要你自己搬。我后来真选了一张椅子，现在正坐在上面写这些文字呢。

由此我想起之前有一回走在去学校的路上，看见一块牌子上写着“Yard Sale（庭院旧货销售）”，顺着箭头看去，只见在一栋房子的侧面和后面摆了些桌子在卖东西，应该跟Mora这次差不多。另外，在住的周围看到一些仓库式的建筑，里面也是卖二手东西，我没进去看过，今天莫老师告诉我里面什么都有，可以去淘些宝贝。这些二手东西若在国内城市里差不多都当废品卖了，或当垃圾扔掉了，而在美国的这个镇上人们是这样处理它们的，这里有节俭的人们，有节俭的文化。价格如此之低，其实他们可能真不是为了钱，而是不想浪费、一扔了之，对自己没用的东西，但可能对别人是有用的。

今天中午去河南大学莫老师、万老师夫妇（也是ESU访问学者）家吃饺子。万老师很能干，整个工作是她一人做的，莫老师很能聊，是个户外旅行的玩家。万老师讲了一个真实的事给我印象很深：ESU的张教授夫人有一次开车去超市买东西，出来时遇到两位美国中年妇女跟她很热情地打招呼，她不认识她们，开始还很纳闷，这两人告诉她：她们在这儿等她出来很久了，她们看到她的车被别人刮了，这个人现在在里面买东西，如果她想告这个人，她们可以作为证人。张教授夫人连忙感谢她们，她们说：不用感谢，这是应该的，希望以后你碰到这种事时，你也可以这样做。呵呵，这和最近微信里流传的一个故事是多么相像啊。由此又聊到美国社会和美国教育，莫老师说：我们对孩子的教育是注意控制他的行为，忽视他的思想意识；而美国是让他的行为自由，注意培养的是他的思想意识。简而言之就是：我们对外不对内，美国是对内不对外。那如何对一个孩子的思想意识进行培养呢？我觉得靠大人的身教，靠社会的行为，而不仅仅是宣传说教，这个过程是漫长的，是润物细无声的，美国在这方面做得比我们好，比如他们的教堂对孩子的内在影响。

23

2015年11月10日

纽约两日游

星期天早上，再次跟ESU校车去了纽约，在纽约住了一晚，这次对纽约这个所谓全球NO.1城市有了真正的一些观察和了解。

一般人所说的纽约主要指曼哈顿地区，这是纽约的五个区之一，也是最繁华的，最能代表美国发达和精神之所在的区。其实这次是我第三次来纽约了，这一次才结合地图对曼哈顿的地理位置和城市布局有了一个大概了解。曼哈顿区是在一个狭长的长方形岛上，西边是Hudson河，东边是东河。南北长，从南到北依次按序号排成多少街（Street），最北好像快到200街了；东西短，从西到东依次按序号排成第几条大道（Avenue），一共只有12条大道。城市从北到南大致分为上城区、中城区、下城区。上城区多展览馆；中城区是商业区，繁华之所在，也是高档住宅区；下城区有唐人街、金融区华尔街、联合国总部。自由女神像在南边的入海口的一个小岛上。曼哈顿这种给街道取名的方法，显得很没文化，但像坐标图一样方便易找，用我同学周C（高中同学，2000年来到美国，现在定居纽约）的话，这就像美国人一样，干脆、直接、能解决问题。

星期天上午到纽约后，车子把我扔在11大道37街，按照周C微信中的建议，我很容易找到42街，据说是最繁华的街，由东向西沿着42街一直向前闲逛。天公作美，蓝天少风，漫步在纽约最繁华的街道上，感觉愉悦、新奇和踏实。这次是真正地、方位清楚地、闲适地踏在这个城市的街道上，觉得这才真正走进了纽约，拥抱了纽约，融入了纽约。边走边看，过了第10大道、第9大道，来到了第8大道，人开始多起来，映入眼帘的广告牌多起来，霓虹灯多起来，我知道快到百老汇、时代广场了。时代广场上到处都是LED大屏幕，做着各种广告，我看见了专门有一块宣传中国的广告牌，看到了体育界的小威、詹皇、库里、邹市明和国内娱乐圈的吴亦凡。在那块竖着的据说是全球最贵的广告柱上，从上往下的第二块牌子已被新华社占领，我觉得这是整个广告柱上最好的位置。广场周围一圈都是百老汇剧院和歌剧的广告，站在广场上向四周看去是一场应接不暇的视觉盛宴，人类目前视频效果的极致应该就在这里了。

再向前走到第6大道，看到一个公园，叫布莱恩特公园。公园外围有很多小商店，卖着吃的、喝的和各种小商品，小桌子、椅子都松散地分布在公园里，任何人都可以坐下来休憩。公园中间是一块溜冰场，是真正的冰，很多人在里面滑翔着，当然也有初学者，摔得啪啪作响，引得周围人哈哈大笑。围着溜冰场周围能晒到太阳的地方坐了很多人，人们休闲地边欣赏着滑冰者的身姿，边沐浴着冬日的暖阳，边吃喝着美食，每个人都是怡然自得的样子。我也坐下来休息一会，阳光晒得真舒服。

来到第5大道看到一个巨型建筑，宏伟壮观，走近一看是纽约市立公共图书馆。里面富丽堂皇，古香古色，建于1966年，已有近50年历史，但感觉不到任何破旧。曼哈顿的建筑主要集中在20世纪上半叶建成，很多都有近百年历史，但无论其外在还是其里面都保存完好，没有一点破败之相，除了当初建的时候质量好以外，周C说：美国人对建筑很注意保养维护，轻易不拆掉重建。由此想到我们国家，我所在的城市，我所在的学校，除了没有使用价值的文物古迹，使用的建筑中有几座是超过50年的？有时真恍然觉得美国是个有历史的文明古国，而我们倒是一个新兴的国家。图书馆里面很安静，很多阅读室座无虚席，有些阅读室很大，坐着满满的人，场面很是壮观。很多人是在图书馆内使用电脑、手机上网工作学习，看书的不多，我忽然感悟，互联网时代对图书馆的冲击是很大的，它使图书馆的功能不得不发生改变，从一个借阅书、储存知识的地方，演变为一个主要是给大家安静地看书、上网的休闲之处。

大约下午3点钟，终于在图书馆正门口见到了高中同班同学周C。周C是同济医科大学本科、硕博连读毕业后，于2000年来到美国哥伦比亚大学做博士后，之后留在哥伦比亚大学做研究型的助理教授，因为没有拿到终生教职，2010年左右离开哥伦比亚大学去了一家基因公司搞研究，目前还在这家公司工作。他住在Hudson河对面的新泽西州，而公司在纽约州，平时开车要一个半小时才能到公司，每天也是早出晚归，现在还在一个地方大学做兼职教授，每个星期六要去上一整天课。看到他工作的忙碌，以及Stanley每周上那么多课，我联想到我们在国内高校的工作，觉得美国这边要辛苦很多，我们相对地要轻松和懒散得多，这使我觉得很是惭愧。

跟着周C去了唐人街，确实比曼哈顿其他地区差很多，有点“脏乱差”的感觉，跟国内一个县城差不多。我们去了一家最旺的吃蟹黄小笼包的馆子，在门口等位都超过半小时，进去后是一个不大的大厅，里面的饭桌摆得很密，大家还要拼桌吃，就餐环境之恶劣就不用说了。小笼包和菜的味道还不错，我们边吃边聊。周C眼中的美国和我们这些初来者还是有很大差别的，我们走马观花只看到它高大上的一面，周C也谈了很多让我意想不到的美国和美国人负面的东西。他说美国的大学也很混乱，拉帮结派、占山为王、打击异己这方面不亚于国内高校。他说美国是个有钱人的社会，包括像他这样的大部分中产阶层都是绵羊，没有决策权，还必须严格遵守制度，否则就可能被这个社会吃掉，但有钱人可以制定规则，可以逾越规则，当然前提是不要被发现，好在美国媒体是开放的，监督得厉害。他说这个社会的结构一般是（以哥伦比亚大学为例）：老板是白人，副手或马仔是印度人、南美洲人，干活的是亚裔人（特别是中国人）。白人还是不太信任中国人，特别是觉得中国人没有诚信，如果这个没有诚信的人恰恰又很聪明，那么他更要提防你。美国人工作都很辛苦很玩命，他说为什么美国更发达，就是美国人可能比中国人更拼命地工作。

吃完饭他带我去 Gentleman Club 体验了一下纽约特色文化，只许看不许动手，色情而不淫乱，里面还有一群穿海军制服的军人，看来确实是公开合法的。进门时要看所有人证件，我因为没带坚决不让进，后来回到车上拿来护照才准入内，体现了美国人的守法意识和原则性，即使是在这种行业。晚上入住新泽西州这边的一个经济型酒店，75 美元，感觉还是有些小贵。入住时直接付款，不用多交押金，周C说，房间里面也没啥值钱东西，另外它对客人是一种信任。

早上起来自己坐巴士过华盛顿桥去到曼哈顿这边。华盛顿桥是双层桥，上下两层都可通车，这种桥我还是第一次看到。到曼哈顿这边 175 街坐地铁，终于见识了纽约闻名于世的旧地铁，买了张最便宜的单程票（3 美元）下到里边，确实很陈旧，车厢有些像国内以前绿皮火车的车厢，要知道纽约地铁系统是100多年前建成的，你就不会嫌弃它的破旧，只能叹服100年前美国的发达，以及现代美国的节俭。搭地铁的人不是太多，在42街出站时，又终于看到纽约地铁里闻名于世的艺人表演，当时是一个华人坐在那儿拉一种少见的单弦琴。

出地铁口，刚好在市中心第8大道42街，纽约最大的汽车总站就在十字路口，进去先买了回程的车票，结果拿到票一看，这张票在12月8号之前（一个月以后）的任何一天的任何一个时间都可以坐这趟车，这和国内的确定时间车次又不一样。

沿着第8大道42街，由西向东继续昨天的行程。天气依旧是那么好，走在大街上，悠闲地逛逛是那么惬意和踏实。与昨天一样，在第6大道路口的布莱恩特公园又晒了会太阳，去第5大道的图书馆转转。今天星期一，比昨天开放的阅读室更多了。出来继续向东走，这次我准备一直走到最东的第1大道——联合国总部。

刚走过第5大道不远，看到马路对面又一个宏伟建筑，壮观得让人叹为观止，里面人潮进进出出，看到建筑上刻着Grand Central Terminal，一查，噢，这就是有名的大中央车站。进到里面去，它的开阔宏大更是让人叹服，又是一个百年历史的建筑，而且仍然在正常使用着，墙上有熟悉的列车时刻表，还看到了站台、火车、川流不息的乘客，才知道这是个火车站，噢，这是个仍在使用的有100年历史的火车站，除了更加叹服于100年前美国的发达之外，还真实感觉到美国历史文化的传承延续，虽然这个国家建国只有200多年。

终于走到第1大道，再次见到了联合国总部，那个蓝色的长方形盒子大楼，以及前面插着的无数的各国国旗。忽然想起习主席刚来这里发言不久，一种祖国的亲切感油然而生。

赶着下午 5 点的大巴车，终于在快 7 点时回到斯特劳斯堡镇停车站，一下车发现不对啊，怎么回家呢？不认路，加之晚上又看不清，只好贸然闯进附近的一家会所，里面真暖和，向前台的服务生问路，我告诉他我来自中国，小伙子一听很高兴，告诉我：他是巴基斯坦人，我们是 Good friend。小伙子帮我叫了一辆出租车，终于回到家。

这趟纽约之行有些小状况发生，但收获很大，我真正熟悉和喜欢上了纽约这座城市。

24

2015 年 11 月 12 日

Tenure（终身教职）

从纽约回来后的这几天一直阴雨绵绵，让人的心情也和这天气一样。

昨天，Mora 给了我上个月的电、气账单，这还是在美国第一次交费，电用了 197 度，40.9 美元；气用了 1 立方米，16.42 美元。当时要上课，也没有细看，直接把钱给了她，回来后，仔细看了账单，我一人在这儿生活，就一台大些的冰箱、一个开水壶、一个微波炉和几个电灯泡，没有空调，为什么用了这么多电？我平时还很节约的，离开房间都随手关灯，197 度电有点离谱。还有这用气，我仔细浏览账单，CCF Used 为 1，Heat Conversion 为 1.01，不懂它们的具体含义，但这就 16 美元多了？我只有晚上用气做简单的饭，然后洗澡要用气，应该用得很少，不知热转换是什么，都只有 1，怎么要 16 美元多？而我注意到账单上明明写着：当前的气价（含税）为 1.19 美元。还有一样 Oil 没算，这边的暖气是靠 Oil 供应的，据说冬天开暖气后，Oil 的消耗量挺大的，这样看来，每个月的生活基本支出房租加电气油（水包在房租里）会是一个不小的数目。

周 C 没有拿到哥伦比亚大学的 Tenure（终身教职），而 Stanley 刚拿到，使我对美国高校的终身教职，或者说它的教师人事制度产生了兴趣。早就对美国的 Tenure 制度有所耳闻，但一直不太明白具体情况，这回通过询问、上网查找终于基本弄清楚了。一般博士和博士后毕业通过应聘进入高校，首先拿到的是 Tenure track Assistant Professor（助理教授，简称 AP），这在名牌大学都不好拿，它的意义也不同于我国高校的助教，是高于我国助教的水平，助理教授教学、科研都是独立的，可以带研究生。助理教授就像它名称前的 Tenure Track 一样，说明你已进入终身教职的轨道上了，但能不能晋升到 Tenure。接下来的 5～6 年（一般是 6 年）是一个周期，非常关键，6 年后凭你的科研成果、教学水平，经过系、学院严格的、竞争激烈的（越名牌大学竞争越激烈）评审，决定你是否升为 Tenure（终身教职）。如果成功，你将拿到学校的铁饭碗，后面就轻松得一马平川；如果不成功，一般是要走人了。6 年后除了 Tenure 考核，还有一个职称上的晋升到 Associate Professor（副教授），有些学校分开评，有些学校一起评，Stanley 是同时拿到 Tenure 和 Associate professor，他告诉我 ESU 有个中国去的教师，他第一次只拿到 Tenure，没拿到副教授，第二年再申请才拿到副教授。从副教授到正教授又需要一个 5～6 年的周期。总的来看，Tenure 是个分水岭，前 6 年是关键，是要搏命的。周 C 尽管很优秀，但哥伦比亚大学这种名牌大学 Tenure 的竞争太激烈了，他没有成功，只能离开进入公司。ESU 这种教学型的小学校可能容易很多，评审时除了硬条件，当然也有人情分、关系分，我记得 Stanley 曾告诉我，他很注意与学校各种人物打交道，联络感情，处理好关系，所以他的晋升比较顺利。就像周 C 说的，美国高校的复杂性可能超过国内。这也可以理解，只要是人都是讲感情的，美国人也不是法制的铁板一块。

如果跟国内高校比较，我觉得国内高校教师其实只要是进入编制的正式教师，就相当于拿到了 Tenure，你只要完成基本教学工作量，每年考核通过（众所周知比较容易通过），你可以不做任何科研，你可以做一辈子讲师，学校也不能拿你怎么样。广州体育学院有不少人做了几十年的老讲师。

最近，国内学校的事很多，三年级研究生毕业论文，二年级研究生选题、开题，学校又在搞年终考核和岗位聘任，还要帮家人办签证，还有一年级研究生选导师，自己不在，做起来增加了困难，有时会为这些事心烦。只有调整好心态，该做的一件件慢慢做，有得有失，谁让你来到美国访学实现了人生的愿望，肯定会失去一些其他的作为代价、成本。自己人在这边还是要活在当下，活在这边，不要人在美国心在中国，两边都落不着。继续这边的美好生活，机会难得，坚持多运动、写日记、多去图书馆、多观察、多感悟、多出去转转、多尝试。

心平气和，完成儿子对我的要求：笑一个，笑一个。

25
2015年11月14日

小书店

原来，我所在的是东斯特劳斯堡镇，另外还有一个斯特劳斯堡镇，两镇以一条河为界。开车跟Stanley经过几次，觉得商铺林立，记得有一次是晚上经过，看到一个剧院外站满了人，很是热闹，就一直想着找个时间去逛逛。

今天是个周末，天气晴好，只是风挺大，就想到隔壁的斯特劳斯堡镇去看看，从名称上听起来，应该比东斯特劳斯堡更中心、更繁华。下午4点，还有最后的阳光，赶紧出发。

镇上有一条Main Street，由东向西，然后和它垂直的南北向的若干条街，按顺序排成1街、2街……很简单易辨认，跟曼哈顿街道命名的风格是一样的。主要的商业基本都集中在Main Street上，主要是餐饮、酒吧、商店，还看到了两家中国餐饮：熊猫餐饮和福来餐饮，名字很有中国特色。商店差不多都是不大的专业店，各种商品店一应俱全，没有Mall那种大的综合性商场，在主街尽头看见了一所High School。教堂很多，有些相隔很近，一条街的面对面，或是拐角过去，就有不同的教堂。街上人很少，但街道两旁都停了不少车，我看到餐饮、酒吧里面都有不少人，应该是天气比较冷，人们都在室内活动了。现在这里室内都供暖气了，而且暖气烧得很热，室内外温差较大，很多美国人在室内是穿短袖的，只能穿一条裤子，穿两条绝对会热，我是吃过苦头的，我觉得暖气烧太热了也是一种浪费，而且室内外温差太大容易生病，人们也不好穿衣服。

我一个人走在冷清的、寒冷的街道上，看到一家书店，就拐进去看看美国的书店，并顺便取暖。书店不大，却摆满了书，有新书，有旧书，只有一个老年妇女在柜台里，我一进去，她主动跟我打招呼，我也有礼貌地回应。东西方在接人待物上确实有很大差别，我想起陈丹青说过的他亲身经历的一件事：他在欧洲逛一家书画店，看中了东西想买时，老板不卖他，因为陈丹青进门时没有和他打招呼，对他置之不理。陈丹青由此谈到人的教养问题，我认为这里面更多的是东西方在接人待物上的文化差异。我在翻看书时，柜台的女人走出来有事经过我身边时，还特意问我：“Are you questions?”

小书店布置得很人性化，有一些沙发、椅子、凳子放在过道和角落里供人坐。我忽然想起 ESU 交换生小樊告诉我他们用的教材是租的，买太贵，以前也是耳闻美国是个注重版权的国家，书很贵，是真的吗？有多贵？于是我每翻一本书特别留意看看书的价格。出乎意料，第一，有不少书找不到价格，前后都翻不到，不可思议；第二，书的价格感觉正常，不贵，一般在二三十美元，没有小樊说的一本教材 100 多美元的情况。

出了书店，天黑了，越发觉得冷，我想找以前经过时看到的剧院，却怎么也找不到，往回走时经过沃尔玛，去里面买了顶帽子，马上戴上，感觉暖和多了。沃尔玛里已经摆了棵很大的圣诞树，离圣诞节不是还有一个多月吗？

26

2015 年 11 月 17 日

牧师和教师

前天周末，我又去了第一教堂做礼拜。本以为 9 点钟到能赶上第一拨人礼拜，没想到还是去晚了，估计第一拨应该是 8 点 30 分开始。这次我特意拿了张它的卡片，教堂名称为 First Baptist Church，回来一查是浸礼会，基督教最大的一个教派。早知道美国的教堂分为不同教派，网上说有十几种主要教派，人数排列靠前的有浸礼会、卫理会、长老会等，天主教单列人数占 20% 多。浸礼会我是知道它办教育，香港有一所浸会大学就很有名，它的人数最多，怪不得它每个星期天礼拜要分两拨进行。从拿回来的这张欢迎客人的卡片上看到，这个浸礼会教堂又下设儿童委员会、年轻人委员会、男人委员会、女人委员会、老人委员会，卡片上还有询问来教堂做礼拜客人的需求和兴趣的：①成为一名基督徒，②为儿童奉献，③关注祈祷，④成为一名浸礼会成员，⑤和牧师交流等，相当于我们科研中做问卷设计时对人的目的动机的提问。我又找出前面去的另一个教堂 Presbyterian Church，一查是长老会，噢，原来每个教堂都属于不同的教派，它们之间可能会形成竞争关系的，我经常去的浸礼会教堂人就多一些，人的结构也复杂多样，每个星期天要分两拨做礼拜；而去的另一个长老会教堂人就少一些，主要以白人为主，每个星期天 10 点钟开始礼拜，只此一拨。

还是那位白人牧师带领大家做礼拜，只见他除了领读宣讲之外，还经常有很多身体语言，并讲些小笑话，引得大家哄堂大笑，我忽然觉得牧师做礼拜就像我们教师在讲台上上课一样，你需要讲得精彩以吸引你的受众，而要想讲得精彩你不光需要内容，即语言的精彩，还需要非语言的信息传递。记得一个研究上说，在信息传递中，语言只占了27%，而非语言部分占了73%，可见这位牧师是深谙此道，某种角度上说，牧师和我们教师一样都是表演者，需要用各种非语言（身体语言、语气、表情）去传递信息。

昨天，河南大学的施老师带着女儿终于来了。一起住大家可以说说话不像一个人时那么寂寞，另外也可以分担一下住宿成本。施老师是英语教师，以前也没出过国，不过人家到底是专业出身，我看她和 Mora 交流完全没有问题。她女儿来到后，看到是栋别墅而且还有后花园，很是开心，完全没有倒时差的疲惫，在屋里院子里跑来跑去。她们也是比较幸运，因为有我这个旧人在应该很快就可熟悉适应环境。

从夏时制回归正常时间后，这边一般下午 5 点钟就完全天黑了，下午太早不好运动，我改为每天中午 12 点左右，太阳最好最暖和时运动，通常是在学校运动场快走半小时，一般走 2 500 ~ 3 000 米，走快些能微微出汗，运动量刚好，很舒服，就像书上说的“畅”（flow）的感觉。

韩国教师的两门课的授课内容已经讲完，接下来就是测验、分组讨论、复习，迎接考试了。ESU 期末考试时间大概是 12 月初，Stanley 一家已订了 12 月 8 日回中国台湾和大陆的机票，一切迹象都是这学期要结束了、快放假了的节奏。

27

2015年11月21日

发达成熟的美国保守了吗?

Stanley一家明天就要提前回中国台湾了，他父亲癌症晚期，回去估计是见最后一面了。听老谭说他父亲在中国台湾体育界大名鼎鼎，有次跟Stanley聊天时，他无意中说自己小时候在南非待过几年，我问怎么去到那儿？他说是跟着他父亲，他父亲当时去南非训练当地的运动员。可见他父亲确实是体育界的一名元老，曾经是位牛人。老人家只有65岁，应该算是英年早逝了，可惜。Stanley表现得很男人，很冷静，一点看不出来悲伤。我忽然觉得舍不得他的离开，虽然我们见面相处仅两个月，但是他给了我很多关心帮助，两人交流逐渐默契，友谊的种子正发芽茁壮成长。像很多南方人一样，他是个外冷内热型的朋友，脾气好、心细。他还关心地表示，担心我一个人在这里行不行，祝他们回程一路顺风，他父亲少些痛苦。

前天晚上7点多，忽然听见警铃作响，拉开窗帘望去，在不远处的马路上停着一闪一闪的很多警车，间杂着孩子的哭声，这场景只是在美国影视作品里见过，怀着好奇心，我决定下楼走近些去看个究竟。有七八辆警车停在路边，很多警察，阵势很是壮观。我刚驻足观望，就看见对面马路边，影影绰绰的一个黑人男子被几个警察架着走进警车，真抓人啊！远远地看了一两分钟，也不敢逗留时间太长，就回来去小学操场运动了。我住的这个地方离 ESU 校园比较近，应该还属于学校周边区域，加之周围人见面都微笑、点头、打招呼，所以我完全没把安全问题放在心上，经过这个小插曲，看来一人在外，安全的弦还不能放松。

最近看到网上和微信上有人开始质疑和攻击马云和电子商务。有一篇文章分析以淘宝为代表的电子商务模式的种种弊端，总而言之就是认为没有真正地创造什么价值，并附上证据，虽然“双十一”卖了 900 多亿，但当天阿里巴巴在美国的股票却下跌不少。另一篇文章引用英国一位爵士的话：英国等西方国家为什么不大搞电子商务，不是不能乃不为也，认为电子商务泛滥会影响传统商业模式，一个零售商店背后就是一个中产家庭，而且人们上街购物不光买的是商品，还有人与人之间的沟通和生活方式。

我是支持马云和电子商务的。商业行为、商业模式，以及人们的消费行为，这些完全都是市场及个人自由选择的结果，根本就不需要政府扮演一个万能的、超人的决策者，来替市场和个人做出决策；这个模式更有意义，对我更好，那个行为更有价值，对我更为有利……每个理性的正常人都会做出合意的判断和行为选择，所以我认为英国爵士有一种吃不到葡萄说葡萄酸的心理。至于说电子商务没有创造价值更是一派胡言，先不说低价格的真假，起码电子商务给消费者创造了更方便的购物途径，这就是给消费者创造了价值，这也是商业模式创新最有意义、也最有可能成功的关键。

来美国后，感觉整个社会已发展到相当成熟的高度，人们对他们所创造的这个社会的各方面都熟悉了，也引以为傲；从另一个角度来看，这个社会和社会中的人也容易知足自满，不愿意革新改变，不愿意接受新事物。美国现在就像个事业有成、生活富足的中年人，人生已到达巅峰，他更愿意四平八稳地过他这种滋润的日子，而不愿有任何风吹草动所可能带来的改变，整个社会和人都趋于保守。比如美国对高铁比较排斥，美国人对互联网及其衍生物的接受程度明显低于中国，这样来看的话，如果互联网为代表的高科技进一步不断地改变世界，改变人们的整个生产和生活方式，可能对中国来说真是一个赶超的契机。中国就像一个20岁的毛头小伙子，没有基础没有家底，就老想着有什么机会得以改变，于是更开放地接受新事物。

综观人类历史，地域、朝代的荣辱转化、强弱转变，无不蕴含着这样一个规律，中国就是因为封建社会的过于强大，而阻延了资本主义、现代社会的开启，使自己由强变弱。所谓盛极而衰、否极泰来就是这个道理。今天对中国而言，也许正处在一个绝好的发展赶超机会。

28

2015 年 11 月 23 日

感恩节要来了

今天周一，再过三天是感恩节（Thanksgiving Day），所以今天跟 Mora 上课的 topic 就是 Thanksgiving Day。Mora 向我介绍了感恩节美国人都做什么，以及她小时候怎么过感恩节的。感恩节是美国人家庭聚会的重要节日，在外的家人亲戚都会在这一天尽量赶回家与家人团圆，我自己理解的：如果圣诞节像春节，那么感恩节有点像中秋节。那向谁感恩呢？Mora 说这一天吃饭时大家要 Pray，感谢上帝给了我们现在的生活和食物。我后来回来查了一下，最初是感谢印第安人的，感谢这些土著人帮助初来乍到的那些英国清教徒们能够在当时还是穷山恶水的美洲大陆上生存下来。这一天还会有体育娱乐活动，或者现在演变为 Watch Sport on TV。吃的就是我们都听说过的火鸡（Turkey），我到现在都没有见过真正的火鸡，更别说吃过。至于现在流行的感恩节第二天的“黑色星期五”——Shopping Holiday，Mora 说以前是没有的，是最近这些年才流行的，有点像中国的“双十一”购物节，只不过一个是在商场里 Shopping，另一个是在互联网上 Shopping。我真希望在这个感恩节有机会品尝一下火鸡，可惜，Stanley 一家走了，估计是没机会了。

今天 12 点上完课从教学楼出来，准备去田径场运动一下，走在路上怎么觉得天空中弥漫着很多白色的东西往下落，是树上飘下来的吗？我下意识地抬头看看路边的树，好像不是；小棉絮？难道是空气污染，风大把什么地方的脏东西刮过来了，美国也这样？走上跑道，周围是空旷的，还是有白色的东西往下落，很小，我突然意识到，噢，是下雪了，小雪。在国内一般下雪天是灰蒙蒙的，所以给我以错觉，今天下雪却是在蓝天白云，阳光普照之下。吃午饭时，士博告诉我今天早上雪更大一些，只是温度还高，都融化了。

昨天看到国内网络上在讨论××足球俱乐部在亚冠决赛上更换球衣胸前广告的事，我看后很是惊讶和气愤，完全鄙视他们这种行为，这完全是一个暴发户肆意践踏法律和诚信为所欲为的行为。你有钱就可以随便违约吗？虽然你能付违约金，但这已不是钱的问题，这是一个道德、职业操守、诚实守信的问题。××足球俱乐部这回是赚了知名度，却毁了美誉度，就像国内评论的，你还刚好换成“××人寿”，保险卖的就是一个诚信，我凭什么相信先把钱给你，当需要时你会给我更多，这不就是我对你有极大的信任才敢这样做，××人寿的做法岂不是滑天下之大稽。真希望这件事在国内不要大事化小、小事化了，应该作为一个负面典型案例，狠狠鞭笞，成为整个社会诚信守法的一个里程碑式的事件。

今天看到××足球俱乐部的解释说明，没有一丝服软、认罪之意，只是说愿意协商解决此事，不行就付诸法律。这家公司的公众形象应该大打折扣，它们获得亚冠冠军为中国争得荣誉的正面得分几乎被完全清零。

29

2015年11月25日

Group（小组）教学法

ESU12月7日开始期末考试，所以现在的课程内容基本都上完了，主要是复习、小组讨论展示和小测验。这边的Group（小组）学习有一个特点，3~6个人一组，经常以组为单位讨论，共同完成一个作业，然后共同演讲展示。昨天的“体育管理学”课上，就是最后的Group演讲展示。这个班一共有7个小组，每组5个人左右，今天前3个组演讲了，他们的选题分别是The Olympic Under Armour（一个美国体育运动装备品牌）、Madison Square Garden（麦迪逊广场花园）。选题应该是自选的，主题千差万别。上次和万老师也聊到ESU的这种Group教学法，她说她听的那门课的教师在Group时，还给台下同学发评分表，让他们给台上的同学打分。

学生们还是很重视这次Group展示的，对主题都做了比较充分的准备，内容也很全面。首先在着装上大部分同学穿得比较正式，有一位黑人同学，穿着黑衬衫，系着黑领带，其审美标准确实与众不同。部分学生站在上面不讲时明显有些Shy（害羞），无所适从。Group里的每个成员都会讲一部分，总体时间是有限制的，到时间就被教师叫停，一分钟也不多给，体现了美国文化的风格——守规则，没有弹性。学生PPT排版都不是太好，特别是字太小，这在制作 PPT 时最忌讳的，也是没有经验的表现。每组讲完后，教师会点评，我觉得这次教师点评太多了些，应该挑最重要的说并留下时间给下边的同学提问互动，结果每当教师讲了很久后，再问其他同学还有没有问题时，大家往往已不愿说了。根据我的经验，甚至可以先让下边同学提问互动，教师最后说。下次课应该还有后 4 个组的展示。

昨天晚上去参加了 ESU 中国教师的感恩节聚餐，是一个小型的非正式聚餐，大家每人在家自己做个菜带过去，据说美国人经常是这种聚餐方式，真正是“聚餐”。我因为只是暂居在此，又没有车不方便，所以就带了嘴去蹭吃。在 ESU 的中国教师大概有十几位，如果都带上家属应该很热闹的，出乎意料的是人并不多，加上我一共只有 9 个人，召集人车老师说，当时都答应的，可临时很多人又刚好都有事不能来。大家边吃边聊，我当然是以听为主，但我很愿意了解这些中国教师在这边的工作生活所思所想。有些教师带的中国食品还是很好吃的，也一解我的口馋，特别是煎饺和红焖鸡腿。

他们作为同事大家聚在一起，也不免聊得最多的还是学校的人和事，跟周 C 的说法几乎如出一辙，通过他们聊的内容，感觉美国高校也挺复杂，也为钱犯愁，人情世故也很重要，校长的权力也很大，也很人治，一朝天子一朝臣。这个学校作为一个教学型的小学校，评职称的比例为教学 60%、服务 20%、科研 20%，科研显得不太重要，教学工作量较大，每学期标准工作量为 4 门课，他们一门课一般是 3 学分（45 节课），那一学期的标准工作量为 180 学时。中国教师都还不错，到时间基本都拿到了 Tenure，升到了副教授。他们也抱怨学校给的钱太少，羡慕一些毕业的本科生去业界马上就能拿到 11 万美金的年薪。申请大课题对他们这种教学型学校很难。

30
2015年11月27日

感恩节和“黑色星期五”

今天早上和老婆儿子微信视频，看到他们穿着棉衣，我说：广州比我这里还冷啊，你们穿的比我还多。说话时我只穿了件毛衣，现在我坐在屋里写字时，腿上穿着秋裤感觉有些热。来美国时，对比了一下纽约的纬度大致和我国的北京差不多，而北京听说前几天下大雪，气温正创多少年的新低。是啊，今年美国纽约一带是个暖冬。Stanley也曾告诉过我，往年一到11月就开始冷了，开始下雪了，而现在已是11月底，白天温度经常有15℃以上，不少美国人还穿短袖呢。我9月21日到的美国宾夕法尼亚州，已充分领略和享受了它迷人的秋天，秋高气爽，接下来，我还想见识一下它大雪纷飞、银装素裹的冬季，不知老天爷能否让我如愿。

昨天是感恩节（Thanksgiving Day），这边的华人喜欢叫它火鸡节，因为Stanley一家提前回中国台湾，我只好一人过了个孤单的感恩节，也没有实现吃火鸡的心愿。中午12点，我特意出门去感受一下感恩节的气氛，果然路上冷冷清清，平时路上人少，但车还是川流不息的，今天连车也很少。走进ESU，几乎是个空城了，天气很好，我在操场上快走了几圈，只看见大概是两家人带着孩子在操场一起踢足球。一个人过节心里难免有些孤单，但心情还不错，头脑清醒，思维敏捷，运动中觉得身上很有力，看着空旷的校园，想起林清玄和于丹提到过的一个词：清欢。于丹最近更是说：人间自在是清欢，正合我此时的心境，心有戚戚焉。我想：一个上了年纪的人，比较喜欢清静，喜欢内省的人可能更能体会到"清欢"这个词的韵味。但年轻时候，一个人在外打拼时，很多人是害怕逢年过节的，平时工作繁忙不觉得，一旦过那种团聚的节日（中秋、春节）时，落单的自己会觉得孤单而又自卑，我记得自己单身一人在广州时，每逢中秋节都是很落寞地一人度过，春节每年都回老家而不觉得。还记得 20 年前在武汉上学时，有一次坐建行一位中层领导的车一同从襄樊（现更名为襄阳）老家去武汉，同车人就聊天，其中一个建行同事就问这位领导，当时你年轻时不是在武汉省行干得很好吗，为什么要调回襄樊来呢？领导说："有一次过节（具体什么节忘了），我做完工作从办公室出来，整栋楼空无一人，当时那种巨大的孤单、寂寞、无助猛然袭来，刻骨铭心，所以过完节一上班，我就写了调动申请。"这件在车上随便聊起的小事，给我印象很深，至今难忘，因为后来我在广州单身生活过了 10 年，这种感觉也时常能体会到。一个人在外最怕的是两件事：过团聚的节日和生病。

今天是感恩节的第二天，就是传说中的黑色星期五（Black Friday），早听说这一天商家会打很多折促销，顾客会人流如潮，所以我也去凑凑热闹，于我而言，购物居其次，主要是体验感受。

来到镇上最主要的购物广场——Pocono Plaza，我首先去了 Bigmart，我一般很少去这家店，是卖百货的，属中低档次，平时里面很少人。一进去果然有购物节的气氛，顾客比较多，而且很多商品都写着原价××，现价××，买一个第二个只要 1 元钱等促销字样。我想我的主要目标是旁边的 Walmart，它会不会打折更多呢？结果进到 Walmart 后令人失望，似乎跟平时一样，到处还是每天都有的 Everyday Low Price，几乎没有任何特别为购物节做的宣传印记，有没有搞错，它们是不是忘了今天是什么日子？人比平时多一些，但也不是多到川流不息的程度。我来到早前已看好的商品前，想给儿子买乐高玩具，上次来专门看过价格，就等今天打折的，结果，原价，一分钱都没便宜。不死心，我又去保温杯专柜前，价格也是以前看好的，门儿清，结果，原价，一分钱也没便宜。根据在国内的经验，我想会不会是在柜台买单时统一有个折扣，于是心存一丝侥幸心理，还是买了计划中的东西，结果买单时，原价，一分钱都没折。呵呵，“黑色星期五”，对我来说，确实是个“黑色的星期五”，我等了那么久，乘兴而来，却扫兴而归。

回来的路上去金星快餐店吃午饭，跟他们已经很熟了，看见只有男的在里面忙乎，两位老板娘都不在，我就问他们：怎么不见女老板，是不是都去 Shopping 了，他们忙说：是是是。我又问：是不是去 Outlets 购物？回答：是的。看来这个“黑色星期五”购物节，有的商家打折，有的商家不打折。Walmart 难道是它生意一直都不错，所以没必要促销？合租房的施老师一早去 Outlets，血拼到晚上 8 点才回，收获不小，她说人很多，东西都打折很多。反正在国内时，商家打折多少我一般不太相信，不知美国是真打还是假打。

其实今天还是我的生日。弟弟、老婆一早就发来微信祝贺，有一个已毕业的学生还记得我的生日也发来祝贺，给我意外之喜。儿子做了个枕头送给我，我真搞不懂他为什么要送枕头，还祝我身体健康、开开心心。虽然感恩节和生日都是自己一人过，但我并不觉得孤独，因为这是暂时的，在地球另一边还有我温暖的家和牵挂我的人。

31

2015 年 11 月 30 日

打折与诚信

昨天，ESU 胡教授的夫人又带施老师去 Outlets，我就沾光搭顺风车一同去。她告诉我：宾夕法尼亚州只有两家 Outlets，这是其中之一。虽然“黑色星期五”已经过去，但一般一直到周日连续 3 天，商家都会促销。

我们上午 10 点多到的，当时人和车还不算多。这个 Outlets 一共有 99 家专卖店，感觉也不算太大。一些店有明显的“黑色星期五”促销广告，而且打折力度很大，有降 50% ~70% 的，也有一些店降幅较小。我想买运动鞋，去了 Nike、Adidas，还有 Reboot，它们降价都不多，只是一些断码的或比较滞销的款式放在店的四周，再附加降 20%，我最后买了一双耐克运动鞋，原价 65 美元，今天打折 59.99 美元，降的不多。还有一个卖儿童玩具的专卖店，里边乐高的价格和沃尔玛差不多，因为前两天刚在沃尔玛买了乐高，对它们的价格还是很清楚的。

我问胡夫人：会不会有假打折的可能？就是把价格标高了，然后再给个折扣，实际价格不变，因为在国内我就经历过这种情况。她说：应该不会，因为商品标牌上都有原价格，这个商家改不了。其实从理论上和操作上，都有假打折的可能，只不过中美两国在这方面的思维和行为截然不同而已。美国社会注重诚信，人们思维的起点是相信他人，相信商家，相信政府，当然可能绝大部分美国人的行为也是讲诚信的，社会诚信度高，政府公信力高，社会的交易成本就低；反之中国，社会上有些人不注重诚信，人们思维的起点是不相信他人，不相信商家，不相信政府，在实际上我们有些政府部门、商家和部分人也确实说话不算话、出尔反尔，坑蒙拐骗，社会诚信度低，有些政府部门公信力低，社会的交易成本就很高。比如商品打折，如果消费者不相信、不确定是不是真打折，他就必须去货比三家，必须去和打折前的信息对比，这就是增加了交易成本。我曾经还给学生举过例子：买卖双方如果互不信任，买方不愿先付钱，哪怕先付部分定金；而卖方不愿先发货，甚至先发部分样品，所以就会出现买方让卖方先发货，货到付款，而卖方让买方先汇款，钱到发货，这就是增加了交易成本，甚至交易不能完成。所以前阵子××足球俱乐部的换广告事件，我是很反感、憎恶××足球俱乐部这种行为的，公然地不讲诚信，给社会带来严重的负面影响。

这次在Outlets购物时，我注意到商家有个很人性的做法，商品有不同的折扣比例，因为商品上贴的都是原价，所以消费者必须通过乘法计算才知道真正的价格，于是商家在很多货品架上都挂着一个打折换算表，纵列是商品的原价，横行是不同折扣比例下的价格。商家为什么不在商品上直接标出打折后的价格呢？我想可能一是为了证明它是真正的打折；二是商品种类太多，打折比例不同，所以只能让消费者看中商品后自己去换算。

到中午时，人越来越多了，我走到二楼时看到偌大的停车场已停满了车，场面很有些壮观。中午在Outlets的食品中心吃了些中国快餐，中心的吃饭大厅也很大，坐满了人，我注意观察了周围的食客。美国是一个移民国家，人口来自世界各地，不同族裔肤色的人都聚集于此，在我周围也俨然一个小联合国，但有趣的是，黑人和黑人在一起，白人和白人在一起，亚裔和亚裔在一起，很少有混搭。即便大家上学、工作可以在一起，但真正的生活还是很难融合在一起的，而生活的融合更需要文化的融合，文化是一个族裔根深蒂固经年累月形成的，却又很难彼此打破藩篱完全融合。比如饮食习惯、生活方式、宗教习俗，所以美国这个社会比大部分单一民族国家可能更复杂，更不团结，更难管理，但是，这个国家还是和睦相处、井然有序、欣欣向荣的，个中原因值得深思和学习。

换一个角度，按照社会分层理论，按职业、收入可以将任何一个社会进行纵向的分层，美国这个多族裔国家，可能会出现一个有趣的现象，即不同族裔对应的社会阶层可能是有规律的，比如很简单的经验假设：是不是白人所处的社会阶层会高于黑人，事实上据我在 ESU 的观察，这个假设可能是成立的。教师中白人多，后勤中黑人多。我又想起同学周 C 总结的一段话：在美国一些高校中（以哥伦比亚大学为例），大老板（有大项目）一般是白人，特别是犹太人，他们会找个副手（或马仔），一般是白人、印度人或南美洲人（语言好、听话），指挥一群亚洲人，特别是中国人干活，做项目。

32

2015年12月3日

第一次在美国朋友家作客

昨天中午，跟 Mora 上完英语课，她说想邀请我去她家吃晚饭，我说你不是邀请大家周末去你家开 Party 吗？她说：是，但那是很多人的，这个吃饭只有你、我和 Bob（她丈夫），很简单的便饭。这个邀请非常出乎我的意料，我情不自禁地道："Why?" 她摊开双手，用她的口头禅"Maybe, Maybe..."她大致意思是：Bob 觉得自从我住进他们的房子后，他们经常维修、检查、搬家什等对我有很多打扰，为了表达歉意，想请我去家里随便坐坐吃顿饭。

晚上 6 点，Mora 开车接我一起去她家，她家离 ESU 还是有些距离，晚上的路面视线很不好，透过车窗向外望去，感觉真像是一个大农村，偶尔看到灯光证明那是一幢房子一个家，路面也很窄，终于到她家了，晚上看不太清，有一个很大的院子，一个一层的平房和一个车库。进到屋里看到 Bob 正在厨房忙乎，Mora 趁机表扬了老公。整个客厅很大，有些凌乱，家具比较旧，但感觉还是很温馨、很舒适、很生活化。客厅偏中间有一个烧木头取暖的火炉，比较密封，我没有注意它的烟道是怎么走的，反正屋里感觉不到烧木头的烟味。火炉边就放着木头，有大块和小块的，记得吃完饭后，我亲眼见到 Bob 直接把一大块木头扔进火炉里，这有些原始的取暖方法但挺好用。

吃饭了，两个菜：鱼和花菜胡萝卜，主食面条，分别盛在三个盆子里。味道还不错，Mora 不停地夸 Bob 是个好厨子。鱼是冻鱼，分成了三份（块），一人一份，他们告诉我花菜和胡萝卜都是自己院子里种的，刚才进来时天黑看不清院子里的情况。我和 Bob 一人喝了一支小瓶的啤酒，Mora 用高脚杯喝了点不知什么酒。边吃边聊，我不知不觉已吃得很饱了，赶紧停下来。吃完饭把桌子收拾干净，Mora 可能怕我寂寞，把碗碟放进厨房水槽中没洗，就来陪我聊天。

Bob 是个画家，客厅里挂满了画和照片，显得很有文艺范，我们聊了体育、ESU、香港和澳门等，全程用英语交流，全神贯注地听说，一会儿我就觉得很累了有些跟不上话题节奏，所以没坐太久就起身告辞了。Bob 开车送我回去，他听说我喜欢 Football，一路上主动跟我聊 Football。真是一对友好、善解人意的美国夫妇。

今天是我第一次去一个美国人家庭，也算对他们的日常生活有了一个感性认识。星期天还要去她家开 Party，到时再好好体验。

来美国时，从家里带了些书，昨天终于看完了一本《极简欧洲史》。对于西方国家的历史我主要是在初中的世界历史课中学的，早已忘得差不多了，这方面的知识是我的一个空白点。而且这本书不仅仅是一本编年体的史书，它在封面上就写着要致力于分析：为什么欧洲老是抢第一？为什么欧洲对现代文明的影响这么深？这也是我一直想探寻的答案，如果这个问题解决了，也等于是回答了为什么近代中国落后了？为什么领先了很久的中国在现代文明面前却滞后了？作者 John Hirst 是一位澳大利亚历史学家，译者席玉苹是台湾翻译家，也是一位中文写作高手。

书的前半部分，很快地归纳了欧洲的发展历程，写得很简洁，但是让人对整个欧洲的发展脉络有了一个很清楚的认识，能做到这样关键是作者用了图表，图表经常能够最直接、直观地说明复杂的问题。所以我也学着自制了下面两张图（见图1、图2）。

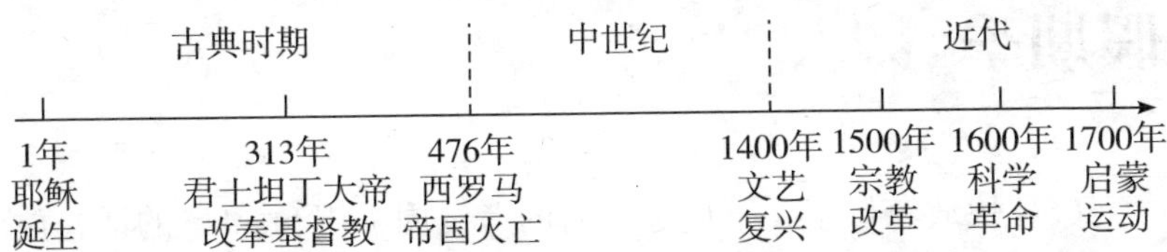

图1　欧洲编年史简图（从古典到近代）

前两个时期，欧洲是个三位一体的混合体，其组成元素有三：古希腊罗马文化、罗马基督教会、日耳曼蛮族的战士文化。

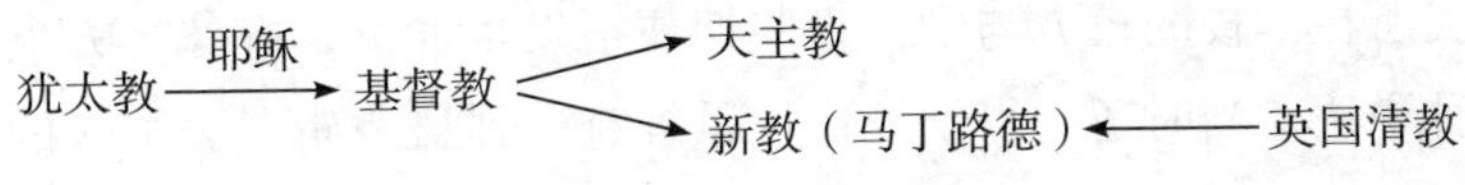

图2　欧洲宗教发展简图

罗马帝国：君主政体　世袭独裁　恺撒　屋大维(第一任皇帝)

罗马共和国：选举制度　走向共和

书的后半部分分不同专题来分析其发展历程，有战争、民主、政体、语言、生活等不同侧面。

在结语中，作者才试图点题："不是所有的东西都属于国王，这是欧洲自由和繁荣的基石。"欧洲的君王和政府，它们不能像亚洲和中东不计其数的帝国那样，光靠收税机制和进贡就能运转。所以，权力分散、遗产多元，比如教会对君王的制衡，反倒促使欧洲率先投入现代文明的怀抱。

33

2015 年 12 月 4 日

假期季

ESU 快放寒假了，下周是最后的考试周，用 Stanley 的话，放假后校园是空城的。教学楼、学生宿舍、食堂都会关闭，不知图书馆是否也完全关闭。士博告诉我，他们交换生如果继续在宿舍住，每天要交 15 美元住宿费，按这个逻辑，学生交的学杂费住宿费等是不包括假期住宿的，比国内高校账算得精，我记得有一次我所在学校的校方与学生为假期住宿发生冲突，好像校方也是这种说法，当时还觉得学校这种思维有些强盗逻辑。美国人的假也挺多的，学生上半年 3 月份还有一周春假（Spring Break），感恩节到圣诞节再到新年，这一个多月基本上就是年末欢庆迎接新年的节奏，像极了中国人从元旦到春节再到元宵节这一个多月的时光，估计大家这一个月都充满亢奋、欢快、团圆和休闲，工作都放在次要，也无心恋战啊！是啊，假期某种角度就是人们给自己找个不工作、Happy 的借口，中美、东西方人们都不约而同地给自己创造了长达一个多月的假期季。

今天也是跟 Mora 学英语的最后一次课，我估计了一下跟她学了有 16 节课，收获还是有的，使我能够更大胆地与美国人交流了，但总体来说上课的边际效益在递减，但我为什么还要坚持花钱跟她学，我觉得 Mora 是我一个很好的接触美国本地人、美国社会的窗口，通过她我不仅学习了英语，还能更多地了解美国人和认识美国文化，所以虽然语言的提高并没有预期的那么大，但是我仍然认为这个钱花得值。Mora 看上去很乐观，我们一直猜不到她的年龄，施老师说应该跟我们差不多（45 岁左右）或稍大一些，今天聊天时，Mora 说她以前是兽医，不过现在已经退休了，如果根据这个判断，她可能已 60 岁出头了。真看不出，是不是美国人都像 Mora 一样很乐观、精力充沛，显得很年轻呢？我有几次注意到她一个人独处时还吹着小口哨。我很愿意交 Mora 这个美国朋友。

34

2015 年 12 月 7 日

劈柴、聚餐、做游戏

昨天晚上，很多中国教师和学生在 Mora 家开了一个 Party，这些人基本上刚来时都跟着 Mora 学过英语，亦师亦友，关系很好。

下午 4 点多到了 Mora 家，这回是白天到，可以再好好欣赏一下她家的周边环境。这里真是荒郊野外了，周围散落着几户人家，每家都有一个空旷的院子，其实叫领地更好，因为设有围墙和栅栏分隔着。在 Mora 家的领地上，有仓库，有烧烤区，有菜园，还有一堆木头，Bob 告诉我这是冬天取暖烧的木头，我问烧一冬天，这些够吗？他说：这有 4 平方米，够了。我问这些木头得花多少钱？他说：2 美元/平方米。我一算真便宜，美国植被保护好，到处都看到自然生态的郁郁葱葱的树林，所以木头才这么便宜。然后我就跟着 Bob 学劈柴，我真还是第一次干这活，双手抓紧斧头，高高举过头顶，对准木头砍去，只听咣当一声，木头应声分成两半，成功了，禁不住高呼。我想起这种劈柴场景是在反映旧时候北方农村的影视作品中看到过，而现在在发达的美国的家庭中却真实地体验，仿佛有一种时间的穿越，除了少数几个大城市，大部分美国人过的是一种现代的农村生活，他们也更享受这种生活方式，乐在其中。上个月习主席访问英国时，官媒有篇文章的标题是“英国的精华在乡村”，美国又何尝不是呢？听

ESU 地理系的胡教授说，“9·11”以后，原来住纽约市区的很多人都把家搬到这边来了，这一带人口增长很快，而他目前正在研究这一带的自然环境，随着人口增长，不断城市化后所发生的变化。

回到屋内在等吃饭的间隙，Bob 怕我无聊，主动问我要不要看 Football，因为前几天我来他家时，他知道了我喜欢看这个，真是一个细心、体贴、友善的美国男人，于是开电视给我看，告诉我这个时间有直播。

有两个女学生提前过来帮助 Mora 做菜，而 Bob 在院子里烧烤羊肉，不一会就闻到了肉香。开饭了，菜被放在一个大桌子上，很是壮观，以中国菜为主，很久没有尝到这些国产美味了，大快朵颐，大家一下子围了上来，每人手上一个盘子围成一圈，像吃自助餐一样地忙着往盘中夹菜。这时我注意到 Mora 和 Bob 并没有动，而是在旁边看着我们这群中国人在转着圈夹菜，我走过去，示意他们两人一起吃，Mora 说不着急，直到大家都选好菜，人散得差不多了，我们三人才来到桌边夹菜。

大家边吃边聊，好不开心。菜做得确实不错，也顾不上血脂高了，吃了不少肉。聊天中，Mora 不断抗议我们全说中文，让她听不懂，我们刚转成英语不一会又说起了中文，没办法，还是母语交流更方便、更达意。对不起 Mora，也让你品尝一下周围都是说“鸟语”的滋味。

吃完饭后，Mora 提议大家 Game（做游戏），我本来不太感兴趣的，我小声对施老师说：我都一大把年纪了，不想跟这些小朋友玩什么游戏。但其实 Bob 和 Mora 应该比我年长不少，当我真正投入到游戏中后，久违的游戏带来的欢乐愉悦让我开心地笑个不停。是啊！我们中国人聚会时、聚餐后，为什么不能来些 Game 呢？

35

2015 年 12 月 10 日

英文文献

本来来美国之前，想借这个机会把我手头上正在研究的课题，查找一些英文的相关文献，但这项工作一直进展不顺利，原因是找不到准确对应的英语词组。“公共体育服务”用“Public Sport Service”检索，都是中国人发在国内期刊上的英文摘要。“Public Sport”也很少。想搜些有关体育标准的，用“Sport Standard”都找不到什么有价值的，今天又用“Sport Criteria”搜，好一些。在电脑上看英文真是累，眼睛看一会儿就受不了了，而且看得又慢，很是痛苦，怎么办？坚持一下吧，另外要调整思路，不知在 Google 上用英文检索会否有更大的收获。西方人对体育分类真与我们不同，他们几乎没有“公共体育”“大众体育”的，用“Community Sport”不知怎样。下学期来了，看能不能请教一下体育管理系的教师。

今天中午去操场运动，又是一个湛蓝的天空，而且感觉温度挺高的，快走了三圈后，我把毛衣脱了。前几天在操场碰到车老师，他说今年是他来这里的七年中天气最好的一年，往年的现在都是刮大风下大雪了。今天在操场上碰到了河南大学在 ESU 读研的一个学生，因为 ESU 地理系胡教授的关系，河南大学有不少人在 ESU 读地理专业的研究生，这个小伙子是上次去 Mora 家认识的，他正和他母亲一起，他母亲是昨天从中国赶来参加他的毕业典礼的，星期六（后天）上午举行毕业典礼。这学期他们一共有 4 个地理专业的中国研究生毕业，我在 Mora 家都见到了，两男两女，他们在这边一共学习了一年半，我问他们这帮同学毕业后的动向，他告诉我：只有他打算在这边找工作，其他 3 位都准备回国发展。在 Mora 家时我感觉他们同学中只有这位的英语是过关的，交流没什么障碍，其他同学语言都还达不到在这边工作的水准，所以我估计为什么只有他一人打算在美国发展，这可能是与语言有关。其实小伙子还是藏族人，长得一脸佛相，那就祝你吉人天相，前程似锦!

最近读冯友兰的《中国哲学简史》上瘾，很久没有这种感觉了。

36
2015年12月12日

小镇辉煌的历史

住的附近有一条旧铁路，Stanley告诉我它还在使用，后来在家经常会听到火车轰鸣声，估计就是有火车经过所发出的。铁轨旁有一个房子我早就注意到了，写着“Dansbury Depot”，我还专门查了“Depot”的意思，以为是个“仓库”。

每次去金星吃饭都要经过这个铁路，今天中午又去金星，发现“仓库”前有很多人，有人在合唱，有人摆摊在卖东西，很热闹，从金星吃完饭出来就走过去看看。像是一个临时的集市，有不少人摆摊卖各种东西，还搭了个小舞台，有个人正在上面吉他弹唱。走进仓库里面，也在卖一些东西和吃的，还有一个小型儿童绘画展览，里面空间不大。仓库旁边靠近铁轨处有一个二层小楼，旁边写着：“如果你想参观塔的二楼，请找旁边工作人员指引，免费。”刚好看到一个美国家庭去找工作人员要求上二楼看看，我也一同走了上去。这个小二楼叫“The East Stroudsburg Switching Station Tower（东斯特劳斯堡开关站塔）”，楼上是一间旧时控制火车行驶、发信号指令的办公室，最引人注目的是屋的中央有38个像铡刀一样、需用力拉的杠杆开关，工作人员大致的解释是：很久以前没有电子信号灯时，靠这些杠杆开关来发出机械信号。可见这个小二楼有悠久的历史了，我当时还在想，美国历史幸亏只有200多年，要是像我们一样有几千年，他们还保护不完了呢！临走时，在“仓库”拿了一本免费的当地生活杂志《波科诺生活》（*Pocono Living*），因为看到封面上正写着介绍“仓库”的历史。

回来就看，不看不知道，一看吓一跳，无意中使我了解了目前居住的这个 East Stroudsburg 小镇曾经辉煌的历史。

原来“仓库”的原名叫“东斯特劳斯堡火车站”（Depot 美语中有车站之意）。1737 年（这个时间在美国是很早了，因为美国建国是 1776 年），一个叫 Brodhead 的家庭最早来到斯特劳斯堡地区居住。1854 年，美国铁路迎来大发展，火车轨道铺设到斯特劳斯堡，当地居民不卖土地给铁路公司，认为火车会带来污染和打扰他们安宁的生活。后来，一个叫 Bobert Brown 的冒险家把河东岸的土地用一美元卖给铁路公司建铁路，条件是在这里要建一个所有客车都必须停的车站，于是就有了相对于斯特劳斯堡镇（Stroudsburg）的东斯特劳斯堡镇（East Stroudsburg）和东斯特劳斯堡火车站。

1856 年，火车站建好，同年 5 月 23 日第一列客车穿过东斯特劳斯堡火车站，由西向东，目的地是纽约。很快，铁路把一个沉静的村庄变成了一个工业中心，因为该地区周边有矿产资源，各种企业纷至沓来。另外，因为有一座 Pocono（波科诺）山，又吸引了无数的游客，各种度假村、露营地、旅馆又应运而生。小镇一下子热闹起来，为了适应发展，1908 年建了今天我走上去看的“Switching Station Tower”，当时必须全天候值班才能应付繁忙的铁路运输。1937 年，彩色信号灯逐渐取代了机械信号，开关站里的 38 个杠杆开关就只剩一个在用了。到 1958 年，每天还有 7 趟客车和大量货车经过该站，后来，受铁路线路调整和汽车的大量生产，1970 年该站不再有客运列车经过，1977 年小站停止使用。

1980 年，车站申请国家历史遗址成功，被联邦政府列为受保护的美国文化资源。但是，好景不长，2010 年 7 月，一位地产开发商买下了车站并宣布要将这个车站推倒新建一个三层的公寓，当地的一批爱好历史的人士立刻成立了“保护车站”组织，并进行了阻止活动，双方进行了激烈的争夺，最后，加入了当地政府的资金支持，达成了一个共识的方案，将车站完整地移到不远处更靠近铁轨和开关塔旁的一个永久性的地点。幸亏美国的老式建筑都是木制的，能够整体搬迁。同时，对车站进行了大量的翻新改造，旧貌换新颜。2014 年，车站终于可以对外开放，迎接客人了。

如今，车站归东斯特劳斯堡社区委员会管理，委员会希望车站不仅是一处历史文化旧址，同时还能够像它辉煌时一样，成为人们休闲、娱乐、聚会的一个重要场所，今天我看到的集市活动就是他们搞的一个宣传活动之一。

我在委员会的宣传册上看到：车站是东斯特劳斯堡镇唯一的一处历史文化旧址。

37

2015年12月14日

素不相识的女孩

这周学校放假了，我打算出去玩玩。开始计划和其他几位中国教师跟团去美国西部转转，后来发现要自己去到洛杉矶，再自己返回，而且其他人的兴趣好像也不大，于是改为就近自己去纽约玩几天，虽然上个月去过，但纽约景点太多，值得一去再去。这次我主要想去看看体育文化方面的，另外这趟去把吃住行玩都摸清楚，为家人过来后去纽约玩打好前站。

前天上网订酒店，在曼哈顿市中心的酒店都较贵，想想住在市中心方便，而且可以更好地感受纽约这座城市，就通过这边一家著名的华人旅游公司——走四方的网站，订了一家位置很好的宾馆，每天88美元，订了三晚。以前在国内出去玩，都是老婆上网订，我没干过这些事，这次自己做还是长了些知识。原来这边酒店一周内每天的价格都有不同，周一至周四便宜些，周五至周日价格几乎翻倍，这是我在国内不曾注意到的。所以原本想在纽约度个周末，却不得不改成周二去、周五回。另外网上交易确实陷阱很多，在网上同样的宾馆和房间，我对比了几家旅游网，有更便宜的，比如我订的这种88美元的房间，它打出的价格只有70美元，我就准备订便宜的，结果在按照步骤一步步地付款时，我忽然发现在确定付款的这个页面上，它的70美元只是房价，另外还要加税费和服务费，总价 100 美元出去了，这应当是有欺诈之嫌了。嘿嘿，别看我平时有些马大哈，但我可是“吕端大事不糊涂”，骗不了我。

如果自己坐长途巴士去纽约，对我们这些没有车的外地人来说，并不是件容易的事。当地人去纽约一般自驾车去，车程大约一个半小时，那些因为上班需要每天跑通勤去纽约的，都是自己开车去到长途巴士站，然后把车停在停车场，回程时，到了巴士站自己再开车回去。问题的关键是长途汽车站不是建在镇中心交通便利的地方，而是在较远的郊区，必须开车去，因为是在高速公路边。看来他们的思维是，所有人都是有车和开车的。这使我想起 ESU 胡教授的话：美国公共服务所有的设计都是为汽车考虑的，怎么样方便汽车就怎么样设计。我一直为怎么去到坐车的长途巴士站而犯愁，为了保险起见，我昨天专门去探路。

按照手机导航的地址走到终点一看不对，我就问周围镇上的人，华人不知，当地人也不知，可能大多数人都是自驾车去纽约。我又找到一家中国快餐店抱着试试的心态，当他们听明白我的意思后，一个 20 岁出头的女孩说：知道，但那要走很远的。我正想问具体路线，见姑娘跟一个中年妇女说着什么，然后中年妇女对我说：这样吧，我女儿开车带你去，但你要给点路费？我说：没问题，要多少钱？这位母亲说：你随便给吧，几块钱都行。非常出乎我的意料，她们居然主动愿意开车带我去，而且对方是一个青春少女，而我是一个中年男人，对她们来说还存在一个安全问题，所以临出门时，母亲向女儿交代了一句：小心啊！姑娘开车带我去车站，真挺远，还要走点高速，一路上她话不多，我也只是简单地问她：是在美国出生的吗？她说不是。到了车站我拿了发车时刻表，并问售票员我没车如何能到达这里，她让我电召出租车，并给了我电召出租车的号码。又坐女孩的车回到他们店，我问：给你 10 块钱可以吗？她笑着有些不好意思地说：行啊，随便。女孩主动开车带我去车站这件事，在国内几乎是不可能发生的，它必须建立在乐于助人，以及信任人、不设防的社会心理之上。

今天打电话预约了明天早上去长途巴士站的出租车，在我生活的这种乡镇平时几乎看不到出租车，要用只有预约或电召，电召一般还要等一二十分钟才能到，所以跟国内的城市生活还是有很大不同的。

昨天出门走在路上热得不行，一路脱，毛衣、秋裤。今天在网上看到消息说：纽约今年的暖冬打破百年历史纪录，昨天中央公园的温度达到 18.9℃，打破了 20 世纪 20 年代的 17℃ 多的纪录。是啊，12 月中旬了，看看我周围的很多美国人穿着短袖，一副夏天的打扮。

38

2015 年 12 月 15 日

不排队可不行

15 日早上乘前一天预订的出租车到了 Martz 车站，买了往返车票。在等车过程中我注意到一个有趣的现象：因为外面比较冷，大家都躲在小候车室内等车，我第一趟出去转转时，发现门外上车点的地面上放了些矿泉水瓶和包箱，当时并没在意。等我第二趟出去，发现上车的地方摆放的东西更多了，除了刚才的矿泉水瓶等，还有钥匙串、打火机、小木块等，而且摆成一排，我这才意识到这些是排队占位的东西。一个小木块就能为主人排队，这要是在国内，如果你本人没在，可能早把你占位用的小东西一脚踢飞了，或者声明东西不算数，不管用。

中午 12 点多到达位于曼哈顿中心的纽约公交总站。步行来到预订的宾夕法尼亚酒店，酒店位于闹市区，7 大道 33 街，对面就是篮球迷们、NBA 迷们心驰神往的纽约尼克斯队的主场——麦迪逊广场花园（Madison Square Garden）。美国酒店是要下午 3 点之后才能入住，于是先去麦迪逊广场花园逛逛，顺便买张明晚的 NBA 球票。麦迪逊广场花园号称自己是全球最著名的体育场馆，因为在体育馆外有它的广告词："The Most Famous Arena in the World"（世界最著名体育馆）。位置在市中心，下面就是可以通往纽约市区及周边的宾夕法尼亚车站，所以交通非常便捷。它目前是 NBA 纽约尼克斯队及冰球职业联盟纽约游骑骑兵队的主场。还是几支大学生球队的主场，除了体育，它还承接文化娱乐演出，所以它的场地每天都排满的，没有空的时候，有时一天有两场节目，年平均 400 场。我在窗口买票，人不多，大概现在很多人是在网上买票，售票员检查了我的护照，确定我看明晚的 NBA 比赛后，告诉我 84 美元一张。拿到票以后我一看座位并不好，心里还在想：他为什么不问我要什么等级的票呢？难道好票都售完了？不过第一次来主要是观察感受 NBA 比赛氛围的，也不用太计较。后来张伟在网上查了告诉我：纽约尼克斯队常规赛主场平均票价 120 美元一张，你 84 美元能进去看就不错了。出来后围着场馆又看了周边地形，拍了几张场馆外形的照片，场馆外墙上有一个广告牌上写着："If it's not live, You're not living"（如果不看现场，你就无法生存），作为一个体育赛事、体育场馆的广告语，说得真好。

麦迪逊广场花园后面的第 8 大道对面有一个很庞大雄伟壮观的建筑，吸引了我，走近一看是美国邮政局大楼。走进去，又是一幢古老建筑，但一看就是得到了很好的保养维护。大厅富丽堂皇，办业务的窗口前排着长龙，很多人手里拿着包裹纸箱准备邮寄东西，可能快到圣诞节和新年了，正是邮政业务最繁忙时刻，但我又一想，如果是在国内，我们现在一般都是快递上门服务的，不用自己跑来邮局排队，这可能再次印证了我前面的一个观点：像美国这种西方发达成熟国家，人们的生活方式可能比发展中国家更保守，更难接受新事物，他们可能仍然通过看报纸了解新闻，可能仍然去超市百货店 Shopping，可能仍然跑邮局去邮寄物品。这种社会更加稳定安逸，有点像中年人，但缺少了一股年轻人的闯劲和拥抱新事物的好奇心。

下午 3 点多钟，去酒店一楼大厅办理入住手续。很多人在柜台前排队办理，就像机场换登记牌那种排队方式，秩序井然。我看到最边上有个柜台前写着已登记者优先，我不确定我这种在网上提前预订的算不算已登记者，根据我在国内的经验，我若只是简单的询问而并不是办理入住手续，是可以不排队的，我只是问句话而已，于是我径直走到那个柜台旁去问，当时柜台工作人员正在给别人办理，还没等我开口，她显得很惊讶，“No，No”，让我往后退，我后退了几步等待，她又告诉我：你必须去那儿排队。按照他们的排队文化，一个人正在办理中，另一个人是不能靠近或打扰的，我的行为显然让他们觉得不可思议。后来回程时，我习惯性地又做了一次违反排队文化的事。我去时已买了回程票，但到车站后我不知道在第几号门候车，我就去到售票窗口，当时人不多，我想我不是购票，就只是问售票员一句话：请帮我看看我应该在第几门上车？按照国内的习惯，我把票递过去，售票员应该很简单地告诉我一句就行了，但美国不一样，当我站在正在买票人的身旁，刚要开口时，售票员也是很惊讶地“No，No”，让我往后退。通过这两件事，我想我明白了美国的排队规则和排队文化。

晚上，去附近的梅西百货（Macy's）逛了逛。对它的印象一个是因为它中文的翻译与著名球星的名字一样；另外，前一阵“黑色星期五”时，看新闻报道说：一大早人们在梅西百货门前排起了长龙，开门时曾引起骚乱，把店踢爆。当时就记下了这个名字，无意中发现就在住的酒店旁边。商场一共十层（九层楼加一层地下），它的室外广告上号称自己是全世界最大的商店，进去一看，它不一定是最大，但有可能是最长的商店。出来后在周边转转，明白它为什么是一个长方形了，它就在第 6、第 7 大道和第 34、第 35 街围起来的地面上，只有它一幢楼，曼哈顿的纵横网状结构中，大道之间的距离较长，而街之间的距离很短。商场里商品很丰富，各种名牌专卖店林立，人流量也很大，我对购物不感兴趣，主要是慕名而来，另外感受一下与国内商场的不同之处。出门时，我注意到门外有一个金色的圆牌子上面写着："我们 1858 年就在这儿卖东西了……"

39

2015 年 12 月 16 日

哥伦比亚大学与 NBA 比赛

今天白天主要计划是去参观哥伦比亚大学（以下简称哥大）。上午沿着百老汇大道一直向上（北）走，先来到哥伦布圆环，其右手边是中央公园的左下角。进到中央公园转转，天气晴朗，暖阳高照，很多人坐在长条椅上悠闲地晒太阳，不少人在跑步或散步或遛狗，还看到两个中国人正在练拳击，已打得汗流浃背。中央公园是纽约人工规划和建造（100 多年前）的一座公园，虽然现在里面的湖泊、树林、山丘给人以大自然的感受，但它那标准的长方形外形暴露了人工的痕迹。整个纽约人应该为当时的决策而感到自豪，也应该感受到现在中央公园带给他们的好处。城市发展一定是要有一个商业、金钱、物质与生活、休闲、精神之间的平衡，这也是城市发展应以人为本的忠实体现。

哥伦布圆环的左手边是时代华纳中心，我知道时代华纳是一个全球最负盛名的新闻媒体娱乐公司，所以也慕名进去看了看。里面最低几层是一个高档的商场，估计公司总部应该在上面的写字楼里。再向前走来到了林肯中心，是个广场，周边有几幢建筑，有歌剧院、戏剧院、音乐厅等，真不愧是一个文化中心。目前全球任何一个艺术家和艺术团体都应该以能够在林肯中心表演为傲，这是个世界的中心舞台。果然看到了中国元素，一个是广东的戏剧表演“沙湾往事”，还有一个是一支中国乐团将在中国农历新年举办的音乐会。艺术的地方当然要扎堆才更有影响，就在林肯中心旁边有一个非常著名的艺术学校——朱莉亚学校，我进去转了转，感觉碰到的教师和学生都很有艺术气质，大多数学生一脸孤傲，目不斜视。

从林肯中心出来，坐地铁继续北上，很快就到了仰慕已久的哥大。我一般每到一个地方都要去当地最好的大学看看，一方面因为自己是高校教师的身份，另一方面从心理上想沾沾名校的灵气。哥大对于我来说是很神往的学校，除了它是常春藤名校之外，还有一个原因是我喜欢的华裔物理学家李政道先生也在这个学校。我曾经像很多国内人一样，在一段时间里对他与杨振宁的关系很感兴趣，两人的孰是孰非一直想探个究竟，包括两人的才华和贡献。

从地铁口出来跟着学生群从一个门进去，里面豁然开朗，好大的草坪，左右两边都是图书馆，时值中午，左边图书馆刚好沐浴在暖阳中，图书馆门口的高大宽阔的台阶上零零散散坐满了学生，有人在吃饭，有人在看书，有人在聊天，有人在发呆，一股自由的气息扑面而来。右边的图书馆不接待访客，左边的图书馆进去后一看就是古老的建筑，东西都泛着岁月的光芒，古香古色。哥大和我 2009 年去哈佛大学、耶鲁大学看到的场景一样，都是古董学校，200 年前的建筑都还在正常使用着，显示学校文化底蕴的厚重。在校园里面到处走走，见到了很多亚洲面孔的学生，走近细听他们说话，绝大部分是中国普通话，哥大的中国留学生看来不少。走出校园在周边的街道上转转，看到哥大商学院、哥大教育学院等，原来这一片都是哥大的区域，而不仅仅是刚才的那个校园。

查地图，看到哥大附近有著名的圣约翰大教堂，就走过去看看。快接近时，远远就看见一个宏伟的、尖顶的哥特式建筑耸立在前面，我就站在马路对面远远地眺望，其外观之宏伟使人有些震撼，这种感觉就像我 2006 年站在马路对面的广场上远眺布达拉宫时一样。进去以后，再一次被大厅之高、之长所震慑。看着高得让人有些目眩的圆弧形穹顶，让每一个置身其中的人都会感到自己的渺小，我突然意识到，教堂用这样的设计是不是就想达到这种效果，让每个教徒感受到来自外界的上帝的巨大压力，渺小的自己在上帝面前只能服从和虔诚地膜拜。大厅中间正在搭建舞台，应该是圣诞节和新年有演出。透过放置在大厅中间的立式望远镜，我仔细欣赏了圣约翰大教堂举世闻名的花窗上的图案，很精美，内容都是圣经中的一些人物和故事，我只认得其中有耶稣被钉在十字架上受难的图。进教堂的人很多，远远观看色彩斑斓的花窗的人也不少，但像我这样能够清晰地欣赏花窗图案的幸运儿却不多。

住在曼哈顿上西城的人是很幸运的，身边有世界上最好的大学和最大的教堂。在哥大附近的街道闲逛时，看着一幢幢古老的建筑，我忽然联想到和它们岁月相似、样式相仿的广东开平碉楼和骑楼，所不同的是，它们仍在使用着，而我们的却只能观瞻了。

晚上去麦迪逊广场花园看纽约尼克斯队主场对阵明尼苏达森林狼队的比赛。想我曾经是一个超级体育迷，曾经对 NBA 球队和球星如数家珍。现在因为年龄增大而导致兴趣降低和日常家庭工作琐事缠身，我对现在的 NBA 近乎一无所知了。我想了半天只知道纽约尼克斯有个甜瓜安东尼，两个队的其他人我一概不知，我也堕落为一个典型的伪球迷了。票面上写的 7 点 30 分开赛，我 6

点钟就去了，过了安检后，大家在通道上等到 6 点 20 分才开始放人进。跟着人群通过自动手扶电梯上去，终于找到我的区域，进去后的第一感觉，嚯，真大啊！球场离我的座位真远啊！大约 7 点 20 分大部分球员出来练了下球，7 点 30 分倒计时比赛开始，先是客队球员入场，再是主队球员挨个进场，主客队所受的待遇有天壤之别，镜头完全给的是主队。7 点 40 分比赛正式开始。

球场确实大，我仔细看了下，上下共分四层，上座率有八九成，最下边（最好的）和最上边（最差的）的区域差不多坐满，反倒是中间层（中等的）空了一些座位。整个球场中的广告不多，主要是 Chase 银行的。看 NBA 转播的都知道 NBA 球场中间的上空有一个圆形多屏幕电视。我在现场时才觉得这个东西很重要，一方面它相当于电视的功能，使现场观众能看到细节、重放、慢镜头等；另一方面它能抓拍到现场观众的表情，及时放到大屏幕上，使观众也成为观赏对象，增加了观众的参与性和互动性，变被动为主动。每当停球休息时，大屏幕上抓拍的观众镜头都会让人忍俊不禁，经常引起全场大笑，本来休息的时间很枯燥，但有了这个让人觉得时间很快就过去了。我不确定我们的 CBA 球场有没有这个大圆桶电视，若没有应该装上。

另外，每次较长的休息时，都会穿插各种表演，有啦啦队，有花式篮球，有用枪向观众席打送礼品，让你一点不觉得休息时间太多太长。场内各层都有食品和饮料卖，饮料都是软包装，休息时出来买是要排长队的。东西的价格挺贵，我买了一杯啤酒要 11 美元多，这一场比赛下来，卖食品和饮料绝对是一笔不菲的收入。纽约尼克斯队上半场领先 20 分，谁知下半场风云突变，客队慢慢追了上来，终场前一直只有 3～5 分的差距，使比赛始终充满了悬念，观众越看越嗨，最后达到高潮。大约 10 点 10 分比赛结束，退场和入场一样都井然有序，而且速度很快，感觉整个NBA比赛和场馆管理都是一个非常成熟的产业，借比赛这个平台，加入娱乐的佐料，奉献给消费者一个开心的、紧张刺激的精神产品，同时联盟、场馆从中也赚了钱。

40

2015年12月17日

纽约现代艺术馆与地铁艺人

今天下中雨。一整天，我原计划是去上东城看博物馆和艺术馆，因为场馆太多需要做选择，做功课后决定先去中城的纽约现代艺术馆（离酒店也近），然后再去上东城的大都会博物馆。打着雨伞沿着第5大道向北走，先经过帝国大厦，2009年来时登过顶，这次只是进去一楼驻足观望一下，整个建筑跟新建的一样，可谁知道20个世纪30年代它已站在这儿了。再向前看到了圣派屈克大教堂，2009年来时也进去过，这次在路边看到它，感觉外形上比昨天看到的圣约翰大教堂要矮很多。反正是旅行，不赶时间，又忍不住进去看看。参观的人不少，教堂里面的灯都打开了，很亮堂，可以看到内部的富丽堂皇。等了一会，12点整，牧师出来主持祷告，我也坐下来祈祷。

等我到达纽约现代艺术馆已是12点多了。因为位于市中心，从外面看门脸并不大，谁知内有乾坤。四楼正在展出毕加索雕塑，很多美国人是慕名而来看这个的，所以人比较多。二三楼是现当代艺术作品展，我知道现当代艺术往往是构思独特、创意无穷的，就跟着人流一间一间地转，一件一件地看。我一方面为艺术家们的奇思妙想、天马行空所折服，另一方面也有不少看不太懂不知所云的东西。有几件中国艺术家的作品，让我感觉更深奥，不知想表达什么意思，这似乎有些不合逻辑，我本来应该看得更懂才是。从外边看不大的艺术馆，怎么转的时候却像迷宫一样，觉得有无数个房间。三楼没看完时，我已觉得有些腰酸背痛了。

来到四楼毕加索雕塑展，人更多了，在一些代表作前面放着一些椅子，还会有人讲解。我在心里弱弱地问自己：毕加索除了绘画，还做雕塑吗？总体来说，他的雕塑和他的绘画是一个风格：抽象。我因为体力有些不支，只能快速浏览了。五楼是19世纪至20世纪的几个有名的印象派大师的绘画展，以前在媒体上也见过一些他们的作品，今天得以一睹真容。另外还看见了毕加索那幅《镜前的少女》（见图1），还有达利的那幅著名的《记忆的固执》（我给起的名字《折叠的钟》，见图2），我记得第一次看到这幅画时，当时心里一震：这画怎么如此怪诞，它想表达的是什么呢？反正看到画让人心里很不舒服，使我对抽象派和超现实主义有了一个直观的认知：解构世界。后来，看到毕加索说过的一句话，大意是：我十几岁时已经可以画得很像了，后来我用一生去学习像小孩子那样画画。使我对抽象派好像有了新的认识和理解。走马观花地看完四楼、五楼后，已是下午3点30分，

图1　毕加索《镜前的少女》

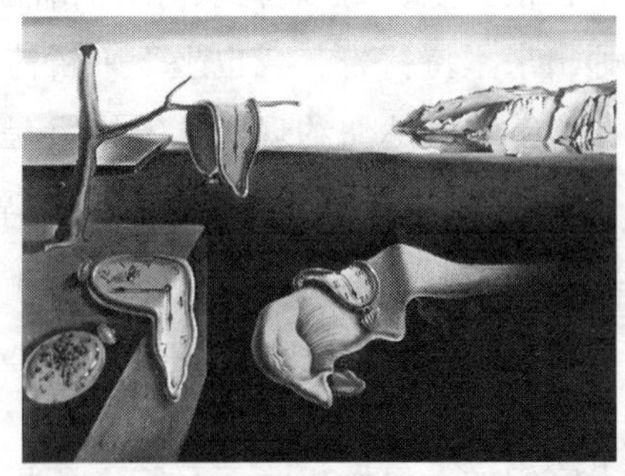

图2　达利《记忆的固执》

我是又累又饿又困，原计划的第二站——大都会博物馆是肯定去不成了，我现在体会到他们传授的经验：去纽约那些大艺术馆最好带些吃的，一进去就是一整天的。

回程在地铁里，看到两个弹吉他的小伙子，弹得真好。纽约地铁艺人是全球闻名的，之前也见过几次，印象不深，这次真是见到高手了。我当时拖着疲惫的身躯正准备从另一个出口出去时，忽然听到了动听的久违的吉他声，有一种触电的感觉，不由自主地就走了过去。两个人配合默契，一个弹主音和弦，另一个弹辅音和弦，还不时交换。他们只弹不唱，弹的曲子难度很大，有欢快的，也有忧伤的，很多人围观，旁边的两个黑人大哥都跟着旋律载歌载舞了。18 号（第二天）在地铁里还看到一个不错的乐队，有架子鼓、电吉他、长号和四支萨克斯管，每支萨克斯管来段主音，其他人给他配合，欢快的旋律感染了在场的每个人。草莽出英雄，纽约地铁艺人果然名不虚传。

在地铁站给地铁卡充值时，注意到收据中写着：我充了 10 元，得到 Bonus（额外奖励）1. 10 元。美国商家非常喜欢搞这种多买优惠的促销手段，Bonus 无处不在，而且普通美国消费者非常吃这一套。我这次往返纽约的票一共 66. 5 元，上次单程是 34. 5 元，Bonus 了 2. 5 元。想到 Stanley 曾告诉我：普通美国老百姓是很精打细算，很会过日子的，确实，从无处不在的 Bonus 也能反映出来。

晚上吃的自助餐，发现这边的自助餐都是称重算钱，而不管你盘子里放的是什么东西，这在国内也是极少见的，这样会不会出现大家都去吃贵的好的东西呢?

晚上雨停了，出来转转，已是 10 点半了。马路上仍是川流不息的人群，梅西百货一直到 11 点才打烊。曼哈顿的街道不宽，但路两边一般都允许停车，使街道显得更窄，突然意识到这样做可能是迫不得已的，因为曼哈顿这些大楼很少有地下停车场，整个曼哈顿地区于20世纪40年代已基本建成，我们现在所见的这些鳞次栉比的各种地标式建筑差不多都是那个时候建的，当时车不多都没有考虑到建地下停车库，所以现在曼哈顿地区的车只能停在路边，并且车位远远不够。

41

2015年12月18日

中国人在纽约

今天是我在纽约的最后一天，准备向下（向南）走走，最后在中国城买些东西。吃完早餐先办退房手续，工作人员告诉我还要另外交一个 Wi-Fi 使用费，我很惊讶地问："It's not free?""Not free."对方很肯定地说。一共是 21 美元多的网络费。交了钱我给老婆发条微信：×的，美国佬宾馆的 Wi-Fi 还要交使用费。回来后询问 Stanley，他笑着说：美国的大宾馆都要收 Wi-Fi 使用费，反倒是小宾馆不用，我也不知道为什么。

坐地铁向下走先来到联合广场，果真是个摆摊设点卖东西的大市场。广场不大，外圈的一大半都被摆摊设点了，卖五花八门的各种东西，有一半是各种小吃，还有卖各种蔬菜水果的，很多水果摊主是中国人。广场旁边有个看样子挺大的书店，又习惯性地进去看看。目前在中国，受到网上购物的冲击，实体书店很难经营了，这家书店顾客还不少。一共五层，单层面积不大，有一层的一半设置为餐饮区，还有一层的一半很人性化地放着一排排椅子，设置为阅读区和休息区。书的价格不贵，一般在一二十美元。沿着联合广场旁的大学路往南走一点就到了华盛顿广场和纽约大学（NYU）了。和哥大一样，又是见到很多亚洲学生，仔细一听他们说话——普通话，我在想：美国这些名牌大学大概都被中国学生占领了吧。国内高校流失的优质生源已是个很大数目了，这种趋势恐怕会越演越烈。在纽约大学的街道上，还看见一个专卖中国西北风味小吃的流动餐车，也可看出周围应该有一个可观的中国消费群体。我孤陋寡闻只听说过纽约州立大学，不知此纽约大学是不是彼纽约州立大学，上网一查吓了一跳，纽约大学是一个私立名校，能排进美国高校的前 20 位，比纽约州立大学好很多。网友还总结：美国的大学，名字带州立的一般都不咋地，比相同名字不带州立的学校要差远了，比如纽约大学和纽约州立大学，宾夕法尼亚大学和宾夕法尼亚州立大学。

因为有些赶时间，没有在纽约大学过多停留。坐地铁来到了中国城——Chinatown（唐人街）。上次周 C 带我来过，这次我独自到处转转体会一下。说实话，中国城的拥挤、凌乱有点像广州的城中村，但是人气旺，充满了活力。有孔子大厦和孔子雕像，算是代表了这里文化的根脉，走到中间地带的公园里，有孙中山像，很多老人在这里休闲、打牌、赌博，环境设施条件一般，比起广州市内的一些公园差远了，但这里有一样东西是国内比不了的——空气，所以国内目前发展的重中之重应该是治理环境污染，改善空气质量。

找到一家小的川菜馆，美美地吃了豆瓣鱼，又在中国超市里采购了很多食品，足够我一个人支撑一个月的。坐地铁到纽约公交车总站，下午 4 点 30 分坐上大巴车，踏上返程。

42

2015 年 12 月 23 日

如何给小费是个大问题

昨天下午又去上次那家理发店理发，这次是另外一个理发师，理得更仔细更认真，他们使用的理发椅都是转椅且能够升降，我就坐在上面一会转这边，一会转那边，一会升起来，一会降下去。剪完后，我对着镜子告诉他左侧后边再剪一些，他二话没说很真诚地：OK，OK，直到剪得让我满意为止。这种服务态度和服务质量要远远好于国内。剪完后我问多少钱，他说 16 元，我说加小费呢？他支吾着说，那就 17 元吧，实际上他后来还是只收了 16 元。我也挺纳闷：怎么和上次不一样的收费呢？上次是另一位理发师，说 17 元，我给了他 20 元，直接就没有找我钱。

回来后，想想美国的小费文化真是我们这些中国人所不习惯的。在中国完全没有给小费的概念，所以首先会忘记给小费。我上周在纽约住了三晚，回来后想起来忘记给小费了。2009 年来美国时，这边的接待负责人就告诉过我们：每天早上起来最好在枕头边放 1 美元，是给房间服务员的小费。所以很多时候我们在这边没有给小费，是因为不知道，忘记了，而不是不愿给。

第二个问题就是不知道给多少。我曾经专门问过一个在这边做餐馆的华裔：吃饭时的小费给多少？她说一般是你消费金额的 12% ~18%，如果服务好，餐馆档次高，就取上限，反之取下限。其实我心里还有个疑问并没有问：如果刚好没有零钱给小费怎么办，给一个大额钞票还找零吗？我上次去纽约唐人街那家小川菜馆吃饭时，账单上38元，我把找给我的2块钱作为小费放在账单上，结果一个男服务员告诉我：我们饭店的小费是按16%收的，你应该给6块钱小费。给小费不是自愿的吗？怎么成了规定动作？当时我心里很不爽，因为我在给小费之前预判过自己钱包里好像没有零钱，所以只给了找回来的2元钱。最后还是我好不容易又在身上搜出了3元钱，放在了账单上。所以这就引出来第三个问题：小费是不是必须要给？而且还是不是不能少给？

第四个问题怎么给？什么时候给？比如吃完饭结账时，是把小费一起付，还是先付账单，找零回来后再单独给小费？小费是给柜台，还是给服务员，还是走时放在桌子上？我的天，给小费对我们这些中国人真成了个大问题。对了，还有第五个问题：什么场合，什么情况下要给小费？他们曾经笼统地告诉我，有人工服务时，都应该给些小费，那么出租车要不要给？上门维修要不要给？这不今天施老师还在问我：明天她们要坐出租车去长途车站，要不要给出租车小费？

小费文化是一种“奖赏文化”，它可以有效地激励服务者的行为。但我更愿意把它理解为一种“感恩文化”，这刚好契合了西方大的文化传统、文化背景。你不得不承认，可能是宗教影响，西方人的感恩意识、感恩教育是远远多于中国人的。基督教徒在每餐饭之前、睡觉之前对上帝的感恩，都会潜移默化地影响他们的日常思维和行为，影响孩子们。付小费就是对别人给予我服务的一种感恩，心怀感恩，这个世界将充满爱。

43

2015 年 12 月 26 日

安静的圣诞节

原来以为这边过圣诞节会很热闹，实际与预想的差距很大，也可能是因为我住在这个小镇上的缘故，但美国除了几个大城市，不都是这种大农村吗？现代化的大农村。

过了感恩节后，周围住的有一些美国家庭里就开始布置圣诞装饰了。商场里也开辟了很大的专柜或专区来卖圣诞物品，按照美国人节俭的传统，我估计很多家庭的圣诞物品可能是重复使用的，今年用完了把它收拾保存好，明年继续用。从外边看，他们的圣诞装饰主要有圣诞树，用电线连接的小彩灯沿房子轮廓围绕点亮，门上窗户上经常挂着圣诞树叶编织的花环，青色墨绿的花环上再配上一个红色的蝴蝶结，色彩搭配非常赏心悦目。有小孩的家庭在自家的前院里会放一些充气的圣诞老人或卡通人物，形象憨态可掬。绝大多数家庭都对自己的院子和房子进行一些装扮，只不过程度不同而已。

圣诞节也应该是美国人团圆的日子，现代家庭不管是东西方社会，都很难像以前一样祖孙三代一个大家庭长期生活在一个屋檐下，所以大家都需要这种节日来维系亲情，感受亲情。我隔壁住着一位看上去 70 多岁的老太太，平时老人和两条狗独居，24 号那天，看到一个年轻的姑娘在她家，应该是孙女，平安夜一起吃饭，一起看电视聊天到很晚。Mora 和老公 Bob 平时也是独自生活，儿子一家在波士顿，圣诞节前看到 Mora 发微信晒照片，说这是给孙子做的准备考验他的玩具。

从外表来看，这个安静的小镇圣诞期间和平时没什么两样，甚至比平时更安静了，有些静谧之感。平安夜我特地出去走走，很多家的灯饰都点亮了，有些甚至达到了流光溢彩的程度，但街道上是冷清的，听不到一点声音。国内的春节有鞭炮声和人群的喧哗声，所以感觉会比这边热闹很多。经过教堂看到里边灯火通明，很多人在牧师的带领下正在做祷告，教堂门口有两棵大的装饰的圣诞树，听人说，圣诞节期间教堂会有很多节目，想进去凑个热闹，在门口犹豫了一下终究没进去。

25 号圣诞节当日，白天中午出去运动顺便走远一点到处看看，还是和昨天一样的安静，街道两旁很多店关门休息。今年是暖冬，室外温度很高，有不少美国人是穿着短袖的，这么暖和的天气，适合户外运动，我原先估计应该有很多人在外边运动、烧烤和休闲的，但沿途看到的人不多，只有个别小孩在家长的带领下玩耍，难道人们都猫在家里团聚，独乐乐？晚上和老婆通电话时，她说也许别人都出去度假了吧。

昨天发现我住的这间房的房顶的灯暗了许多，隔着灯罩判断应该是两个灯泡中的一个不亮了。我于是去拆开灯罩拿出坏的灯泡，结果灯罩上有一个六边形的小螺帽用手拧不动，所以灯罩拆不开。如果身边有一个钳子或者扳手拧开它是件很轻松的事，结果找遍整个屋子都没有，毕竟不是自己的家是租的临时住处。后来想办法，找来一个晾衣服时用来夹紧衣物的小木夹子，反过来用，夹子的两条腿就相当于一个小钳子了，结果还真把螺帽拧开了，我忽然有一种在电视真人秀《荒岛求生》中的感觉。

44

2015年12月27日

圣诞节的教堂

在这边每个周日上午，如果不外出或有特殊情况，我都会去附近的First Baptist Church（浸会教堂）做礼拜。

今天是圣诞节后的第一个礼拜，人比以前多，把做礼拜的大厅塞满了。是不是对教徒来说，今天这个时间点的礼拜跟平时不一样，有特殊性呢？坐下来后，我发现大厅前边的桌子上放着一些金色的铁盒，这在以前是没有的。

前排一个老年白人扭过头来跟我握手打招呼：欢迎你来这儿！可能他在这儿第一次见我一个亚洲面孔的人。按照既定的程序，首先是有乐队领着大家起立唱些圣歌，然后由牧师给大家讲解圣经中的一个主题，这个主题是事先准备好的，每次进教堂时会有人发给你一份今天的安排表。今天在牧师讲解之前多了一个环节，有一个年轻人要离开这里，大家给他送行，几个人自愿站出来走上前台，包括牧师，大家把年轻人围在中间，每人伸出一只手搭在他的肩膀上，牧师带领大家为他平安一路顺风祈祷，然后还给他准备了一份精美的圣诞礼物，最后年轻人表示诚挚的感谢。

牧师讲完今天的主题内容后，打开桌子上几个金色的铁盒，里面是小块的饼干，轮流传递，每个人都拿到一块小饼干后，牧师带领大家祈祷，感谢上帝给我们食物，祷告完毕后大家把饼干放进嘴里吃了。然后又打开几个铁盒，里面是一小杯一小杯的红酒，每人拿到一小杯后，牧师又带领大家祈祷，感谢上帝给我们水和饮料，祷告完后大家把红酒一干而尽。这个仪式就是今天特殊的环节。

整个礼拜做完后，大家起身离开，前面的那位老年白人又主动和我打招呼，问我叫什么名字，可能听不太懂我的全名，又问我第一个名字是什么，然后很高兴地说：Oh，Zhang，Zhang。这时，老人的太太也转过身来和我道别，我又定睛看了这对老年白人夫妇，都是慈眉善目，很有修养和气质的样子。中国有句话叫“相由心生”，应该在他们身上是个很好的体现。

我在教堂见到的这些人都是非常的友善、彬彬有礼、互相谦让，这也是我喜欢来教堂的原因之一，喜欢这个干净、单纯、友好的氛围。我每次坐在教堂里，心特别静，因为你整个人是放松的，你相信你的环境、你周围的人，你是不用设防的，其实牧师的讲解我大部分听不懂，但每次一个多小时我觉得过得很快，总是意犹未尽。比如今天我还看到一个小细节，一位晚来的带着孩子的年轻黑人母亲，坐下来后脱外套，因为后面有靠背，她脱了两次外套都没脱下来，坐在她后面的一位老年白人妇女看到后，微微起身去帮她从后边把外套拽下来。她们不一起来且不坐在一起，所以应该互不相识，而且一般认为脱衣服是件很私人化的事件，只有真正的心存善念随时准备帮助别人的人，才会注意观察到别人细小的不方便和问题，才会愿意给别人细小的、细致入微的帮助。

每次礼拜完毕，牧师都要站在门口送别每一个人，每次见到我都要找点交流的话题，今天告诉我：“有时间我要跟你喝杯咖啡。”“No problem.”

45

2016年1月2日

新年

这边的新年过得和他们的圣诞节差不多，从外边看是很冷清的，虽然很多家都用彩灯装饰了屋子外观。与平常不同的是，有些家的院子里停满了车，应该是从外边来的亲戚、朋友，大家在屋里开 Party 庆祝新年。跨年夜的晚上偶尔也能听到爆竹的响声，但比起国内的阵势是差远了。1 号下午我和施老师邀请莫老师一家和一个留学生来一起吃饭庆祝新年，大家一起做饭、吃饭、聊天，当时还是很开心的。

今年是百年一遇的暖冬，周二（29 号）总算下了一场小雪，但气温比较高，落在地上的雪很快就化了。不过让我惊奇的是与之相关的另一件事，我清楚记得是上个周二，我在金星吃饭时与老板娘聊天，我说都 12 月了还这么热，老板娘说：下周二会下雪，因为天气预报说下周二会下雪。我当时并没在意，因为根据我的经验，一周以后的天气预报一般是不靠谱的，国内的天气预报有时就很不准，为此有一个高级气象师还专门出来解释说：我们现在的气象预测技术只能是短期（3 天以内）比较准，3 天以后的气象预报就不靠谱了，你这一说就是一周以后的事，不靠谱。当周二起床拉开窗帘看到窗外白茫茫一片时，我当时的第一反应就是美国人的天气预报怎么这么准？这种准我早有觉察，两周前去纽约时，我也提前差不多一周看了纽约那几天的天气情况，结果预测得非常准，每天不同时间段的变化都很准。

今年这个元旦新年其实是在不开心中度过的。31 号一早醒来，收到吴 M 的微信，告诉我三级没上，而且刚好到我这儿没岗位了，我比排我前边的那位上了的人只差很少的分。也可能是我对这件事期望值很高吧，所以感觉非常失望，心情跌到了谷底。我失望、不服气的原因是，我认为科研记分标准有问题，他们很多人可能多算了分数。接下来就是怎么办？是接受现实，保持沉默；还是发出自己的声音，维护自己的权益，挑战体制和大多数人？我知道大多数国人遇到这种事都会选择前者，现实的理性考量和道家看淡的超然思维，但这一次我决定选择后者。

这些年下来，随着岁月的增长，我总结的经验就是：当遇到自己的权益被损害时，不能任人宰割，要尽量地想办法，行动起来去维护自己的权益，哪怕成功的可能性较小，也要去做，要表达自己的诉求，自己尽力了，即使不成功，也不后悔，这就是儒家的“知命”。在维护自己权益的行动时，要理性，要动脑筋，不能一时冲动地蛮干，或一根筋地太执着。这实际上取的是“中庸之道”。就好比甘地和马丁·路德·金领导的“非暴力不合作”，要反抗，要斗争，但是要理性地反抗、斗争。所以，31 号、1 号都忙着写材料，当把它们写成文字时，我的心情也好多了。

瞧这个元旦新年过的！

46

2016年1月6日

有得有失

这一周终于降温了，恢复到本该有的温度，晚上零下10℃。周一去银行取钱，我还穿着跟以前一样多的衣服，回来时迎着风，感觉衣服完全被风穿透了，风刮在脸上真像刀割一样，很久没体会到这种感受了，好像又回到20多年前在长春上大学时，大冬天在户外的那种感觉。今天中午出去运动时，把帽子和手套都戴上，结果好多了。虽然是冷了，但天气却异常的晴朗，蓝天之上没有一丝杂质，万里无云，以前虽然温暖些，但阴沉伴雨的天气已持续了很久，从“暖阴”到“冷晴”，好像又回到那句老话了，有得有失。

是的，有得有失，这也是同事胡教授昨天劝我的话，他的意思是：得到学校公费资助出来访学半年，因为不在学校，所以岗位聘任就吃点亏，没评上三级，“有得有失”。我最近还会时不时想到聘任的事，为自己受到不公正待遇而愤愤不平，所以休息不好，头昏脑涨的毛病又来了。昨天上午Mora来收租金，突然提出她过一会儿准备开车去中国超市，问我们是否要同去？我和施老师都没什么“库存”了，当然想同去。一路上Mora精神很好，不时找话题跟我们聊天，我就因为头昏脑涨，所以听和说英语都很费力。开车时，Mora也展示出她一贯的轻松乐观，甚至是“小顽皮”，比如等红灯时，她嘴里会小声嘀咕着“变、变、变”。我们在超市吃了午饭，采购了很多东西，足够应付一个月的了，在这边这样采购，真有点“备战备荒”的感觉。我还向 Mora 推荐了袋装的武汉热干面，不知她会不会吃，吃不吃得惯，反正她说对中国食品很有兴趣，很喜欢。

下午回来时，Mora 精力仍然充沛，一个 60 多岁的老太太真是不可思议。施老师随便问一下：美国对驾驶年龄有没有限制？Mora 说没有吧，她忽然意识到什么，问施老师是不是觉得坐她的车不安全，不过大家都还是面带笑容，权当说笑而已。Mora 看上去比较年轻，且又那么精力充沛，心态也很年轻，她的年龄对我们这群中国人来说是个谜。

47

2016年1月7日

悟读《中国哲学简史》

今天终于读完了来美国后的第二本书，这是被称为“东方圣经”的、冯友兰的成名之作《中国哲学简史》。

对中国传统文化，我这一代是没有系统学习的，文史哲中文、哲基本空白，历史在初中一年级仅学了一年，还作为副科不受重视。在我小时候的观念中，儒家、孔子的思想是腐朽堕落、维护封建统治的糟粕，也不太清楚它都讲了些什么。做大学教师后，我还说不清“四书五经”都是指什么，但随着年龄的增长，包括零星看到的《论语》《孟子》中的一些文章、话语，觉得很有道理，有必要从头再回望我们这个民族的文化。但实际上，我们民族文化是没有得到很好的传承的，从新中国成立后开始上学的第一代，大概是我父辈那一代起就遗失了传统文化，我想这也是当下中国人为什么浮躁、焦虑、无法无天的深层次原因。文脉断了，人没有“文”去“化”他了，他就变成没有“文化”的武夫了。现在提“民族复兴”，没有传统文化的复兴，就不会有真正的“民族复兴”。应该把传统文化中符合现代精神的精华提取出来，放进我们的国民教育体系中，从小就去“化”他。

第一，这本书首先使我对中国哲学整个脉络有了一个整体的把握和清晰的认识。从先秦的诸子百家开始，儒家、道家、墨家、名家、阴阳家、法家，它们的由来、主要思想，都一一道来。当然对中国人影响最大的还是儒家和道家，它们一个入世，一个出世，完全是针锋相对的两极。其次是墨家、法家，墨家代表底层大众，其兼爱思想是很有感召力的，儒家和法家在治国理政思想上又是两极，这次儒家变成理想主义了——以德治国，法家是现实主义的——以法治国，但很多人都认为中国历代皇权统治都是外儒里法。名家善辩，我认为它和后期的墨家是中国哲学中少有的认识论（逻辑论）的代表，而认识论这块恰恰是中国哲学的弱项。阴阳家是阴阳、五行的提出者，而这两个是中国哲学中宇宙本体论的基础，儒家后来的大儒建立自己的哲学体系，把儒家思想从道德层面上升到宇宙心（冯友兰语），都是加入了阴阳家的阴阳和五行理论，如董仲舒、朱熹、王守仁等。秦朝一统天下后，采用法家治国，愚民政策、“焚书坑儒”。汉朝出现了理论家董仲舒，将儒家与阴阳家相结合，形成了儒家的宇宙论，将孔子提到圣人地位，“独尊儒术”。三国二晋时期，社会动荡，道家再起，形成以向秀和郭象为代表的崇尚理性的玄学和以“竹林七贤”为代表的豁达率性风格，他们把道家向儒家（现实、入世）靠拢了一些，史称“玄学”“新道家”，冯先生在写这一部分时，看得出来对他们的“风流”心向往之。《世说新语》就是讲他们的。

南北朝时，佛学兴盛，在中国与道家合流形成了中国佛学：禅宗，冯先生给禅宗的命名为“潜默的哲学”，因为说到最高层次时，第一义不可说，即道不可说。另外道教与道家不同，它是道家与阴阳家、佛家三者的结合。在唐朝时，佛教与禅宗达到巅峰。宋朝开始，新儒家开始形成，从周敦颐开始，加入了道家和阴阳家的东西，形成了宇宙论，所以新儒家是儒家向道家靠拢了一些。其后，张载提出“气”“横渠四句”，后来，新儒家分成两派，程颐和朱熹创立了“程朱学派”，即“理学”，程颢、陆象山和王守仁创立了“陆王学派”，即“心学”，这两个学派之分别实质上是物质和意识谁第一性的哲学根本问题。理学提出“理”“气”“性”“心”等概念，是唯物论；心学提出“心”“良致”，以及“先立乎其大者”“心即是理”“宇宙便是吾心”等，是唯心论。清朝提倡回归到汉朝时的儒家，因此有“汉学”和古书校勘的“朴学”。清末西方思想传入带给中国哲学以逻辑方法（认识论）。

第二，这本书使我对影响中国人最深的儒家有了全新的认识。前面说了，因为教育的缺失，儒家在我们这代人的心目中并不好，总听到的是：它是我国封建社会吃人的礼教，维护封建社会的统治，为封建统治阶级服务。现在看来，如果说儒家有一点不好之处，我觉得也就在这儿：它没有把天（君主）捅破，而是在假设有了天（君主）这个大前提下，来构建自己的思想体系，这自然是有时代的局限性所致，而其他的对儒家的指责都是对它的误解。从孔子那儿，我学会了“正名”，对于“君君、臣臣、父父、子子”，有人曾辱骂这是封建阶级思想，它其实是现代社会学中的人要符合其社会角色。孔子提出“仁义礼智信”，我想任何一个思想，如果他的核心是“仁义礼”，你说这种思想能坏到哪里去吗？我还理解了“忠恕”之道，就是推己及人，这是把“仁”付诸实践的途径，即“仁之方”“己所欲施于人”“己所不欲勿施于人”，记得于丹在讲“论语心得”时，把“恕”主要解释为宽恕，当时遭到很多学者的异议。孔子的“知命”给我的印象很深，我们从事各种活动，其外表成功都有赖于一些不是人力所能控制的外因的配合，因此，人所能做的只是：竭尽己力，成败在所不计，这种人生态度就是“知命”，如果这样行事为人，从某种意义上说，我们就永不失败。所以道家主张“无为”，儒家则教导“为而无所求”。

孟子属于儒家中的理想派，认为人性本善，人为什么能“仁义礼”是因为人有“德之四端”。孟子认为：只有圣人才能成为君主，“民为贵，社稷次之，君为轻”，如果君王不好，按孔子“正名”的主张，百姓有一种道德权力进行革命，杀掉国君只是杀一个不义之人，不算“弑君”。另外国君的统治分为“王道”和“霸道”，以德治国、民主选举是“王道”，恐怖暴力专制是“霸道”，所以“内圣外王”是儒家的理想人格，原来“外王”是“行王道”的意思。另外，“井田制”也是孟子最早提出，他说的“浩然正气”使我们每个人心中激荡着理想的光芒，“人皆可以为尧舜”。荀子是儒家的现实派，他主张人性本恶，但人性可以经过后天“礼”“组织”的培养而转向善，所以他同意“人皆可以为尧舜”，他特别强调“礼、乐”对人的教化。

这本书我只看懂了八分。书中有很多古文的引用（书中并未解释）不太懂，算是一分；还有些比如新道家和新儒家的高深理论也似懂非懂，算是不懂的又一分。另外我没有顿悟之感，我从中主要学到的是知识，没有融会贯通上升到体悟。

48

2016年1月9日

小中餐馆

今天中午去金星吃饭，刚坐下来，老板娘就问我：老师，有没有买六合彩呀？现在奖金已经累积到13亿了。我说：我知道这事，上周不还只有8亿吗？她说周六又没人中，现在买的人更多了，下周三开奖。我问你们买了吗？她说买呀，肯定要买的。我又问那你们平时买吗？她说平时也时不时会买。今天是周四，等到下周三开奖之前，奖池岂不是要到20亿了。以前即使在中国，我也听说过美国或欧洲六合彩出现巨奖奖池，引得众人争相购买，全球关注花落谁家的新闻，也好，生活本来不易，给大家一份希望和一个愉快的谈资。怎么好像极少听过中国的彩票出现巨奖奖池，成为全国人民关注话题的事件发生。

金星中餐馆成为我在美国的半个食堂了，特别是现在放假，学校食堂不开的时候，来得更勤，差不多每两天就去照顾一下他们的生意。我一般花5美元来一份干炒牛肉加米饭，放上辣椒和洋葱炒，又辣又香很下饭。去多了跟他们熟了，每次都不用点菜，打个招呼坐下来，一会儿饭菜就端上来了。

金星中餐馆生意不错，主要是快餐外卖，很多老外来订中国餐。他们一共六个人做，四男二女，都是福建人，大家互相是亲戚，平时他们之间交流说的闽南话我也听不懂。开餐馆是比较辛苦的，没有节假日，老板娘告诉我他们一年只是感恩节关店休息一天，我说那你们长期不休息也不行啊？她说她们六个人轮休，每周一人休一天。我问：你们小孩也在这边吧？谁照顾小孩呢？她说：像我们干这种工作的，一般有老人过来就让老人带，没有老人就请朋友帮忙照看，给他钱。她还告诉我来这边开中餐馆的基本都是他们福建人。在斯特劳斯堡和东斯特劳斯堡两个镇，包括金星，我一共看到了四家小的中餐馆，都以中式快餐外卖为主。我去过三家，果真都是福建人开的。在国内，福建人把沙县小吃开遍了全国，在美国，希望他们把中式快餐开遍全美。

49

2016年1月13日

还是中国的服务好

昨天中午开始又下雪了，到下午就没下了，所以还只能算一场小雪。昨天中午回到家，看到施老师的女儿也在家，平时这个时间她都应该在学校的，施老师说因为下雪学校就放假了，我想其实雪不大，不太影响上课的。据说去年雪下得非常大非常多，去年1月份开学后，因为暴雪，ESU停课一个月。我国北方也经常下雪，我在东北长春上的大学，几乎很少听说因为下雪而停课的，是美国人更关注学生的安全？还是中国人更强调学习的重要？我觉得生命安全当然是第一位的，如果真遇到恶劣的自然条件学生马上停课是非常必要的，但也不至于有个风吹草动就停课停学，比如下点小雪。当然在实际操作中，这个度是不好拿捏的，像这一次，也许是天气预报说有大雪，使教育局管理层做出了停课的决定。另外，像ESU这种大学为什么下雪也停课，可能是因为美国大学生很多是不住校的，ESU有一半的学生每天开车跑通勤来学校上课，如果遇上大雪对他们的影响较大，而国内高校学生基本都住校，所以下雪对学生上课的影响较小。

下雪了天冷了，想起来要买件羽绒服了。其实来之前知道这边冬天很冷，是有在这边买棉衣的打算。感恩节“黑色星期五”去Outlets时，很多冬季服装打折出售，当时天气温暖没有买的紧迫感，想着等到天冷了再来买也不迟，记得老婆当时还埋怨过我为什么不买，结果人无远虑必有近忧，等到我现在冻得必须马上买时，才发现没有合适的。Outlets 因为路途较远，自己没车很难去，昨天中午只好去附近的 Bigmark 和沃尔玛碰碰运气。两个商场都是综合类的超市，有卖服装的专区，但冬季棉衣都很少，几乎没什么选择，沃尔玛有一款棉衣还凑合，但都是大码，大小又不合适，最后只好无功而返。在美国小镇生活，对于没有车的我们来说还是有诸多不便，特别是与广州城区的生活环境反差就更大，所以造成我前边买衣服判断上的失误。

老婆和儿子将于 24 日到纽约，我得计划怎样带他们在美国玩一玩。儿子想去迪士尼，所以我原计划是自己带他们在纽约玩，然后跟一个中国团去佛罗里达玩。这两天上网找去美国南部佛罗里达的旅游团，发现没有从纽约出发的团，都是需要你自己往返佛罗里达，我原本是想省事，跟着团从纽约走，跟着团回到纽约；而且美国的旅游团是不包吃饭，一日三餐都要自己解决，我忽然很怀念国内跟团旅游了，包往返，包吃住，你真的像个上帝一样什么都不用管。如果从商家满足顾客需求，以顾客为中心为导向的角度，国内服务业可能做得比美国好。除了刚才提到的旅游，我还注意到住宿也能很好地反映两者的差距，美国住宿一般是下午 3 点以后才能去登记入住，上午 11 点之前必须退房，我理解他们需要这 4 个小时的时间收拾房间，但这个制度如果放在中国，估计消费者早就炸开锅了。国内住宿一般要求中午 12 点之前退房，后来我记得出台了一个指导性意见，有相当一部分宾馆酒店改为下午 2 点之前退房了，至于何时能登记入住，好像国内都没有时间限制。中美之间为什么会有明显的差异呢？难道是美国酒店的入住率高，每天都客满吗？至少我觉得美国人需要 4 个小时收拾房间的效率是可以提高些的。

50

2016年1月16日

马丁·路德·金日

昨天中午，ESU胡教授的夫人王老师开车带我们去Outlets购物，听说我想买件羽绒衣，她说：现在冬季服装应该有打折，冬天已经过了一半了嘛。我问她们ESU是不是下周正式上课？她们说：下周一是马丁·路德·金日，全国放假，下周二才正式上课。我们顺着这个话题往下聊，美国的节日真不少，放假的机会也不少，而且与之前的哥伦布日一样，我们发现这些后来人为制定的假期一般都放在星期一，与周六周日联放，形成一个小长假，似乎定在星期一放是有意而为之。马丁·路德·金，美国民权运动的英雄，我对他是非常熟悉和钦佩的。记得之前大学英语精读课本里有一课“I Have a Dream”，就是他的名篇，文中显示的作者的情怀、气魄、毅力，配合华丽的排比句式给人印象深刻，令人为之动容。对待不公平的强大的国家机器，他坚持反抗，而且坚持“非暴力”的反抗，与印度“圣雄”甘地倡导的“非暴力不合作运动”有异曲同工之妙，而且最终都走向了胜利。这种“非暴力”革命完全异乎于中国人传统的“暴力”革命——“枪杆子里面出政权”，他的理念行为与中国人的传统革命的理念行为是不同的。

平时去Outlets购物的人并不多，果然很多店对冬季服装都开始打折了。Tommy 是我喜欢的一个美国牌子，虽然并不算一个大名牌，最后买了一件羽绒服，3 折 51 美元，施老师说这件衣服在国内卖 1 000 多元人民币，让我听了很是高兴，不过货真价实，质量很好，确实让我很满意。还挑了件特价（应该是断码）的 Tommy 全棉翻领 T 恤衫，12 美元多。晚上老婆在视频里看了后说：像这件品牌 T 恤国内打折后至少 200 多元。美国的服装鞋等商品，特别是名牌的，赶上打折、特价去买确实划算，比国内便宜很多，怪不得，同事周博士在美国访学一年于去年 10 月份回国，前几天在微信里给我介绍经验：可以在美国多买些品牌衣服。回来后，我和施老师还在沟通：这边品牌的衣服鞋都是几十美元，而国内一般都是几百元人民币，与各自的收入相比，美国的价格是便宜很多，或者说，美国人用在穿着类等日用品上的消费支出要小很多。

51
2016年1月19日

终于开学了

今天ESU终于正式开学了，算起来他们这个寒假放了将近40天，而施老师女儿上的小学仅放假两周，怪不得Mora有一次跟我说：ESU的寒假放太久了，以前不是这样，只有两周的。美国高校都采用三学期制，二长一短，它在暑期的短学期我不了解，但这两个长学期确实比国内的一学期要短很多，他们的长学期共15周，包括考试都算在里面，而国内一学期一般纯教学周为18周，不包括考试等。所以，可以对比一下两边高校一学分的上课时间。美国：3×50（分钟）×15（周）=2 250分钟，中国：2×50（分钟）×18（周）=1 800分钟，美国修一学分所用时间比中国多450分钟；但其实美国的15周一般包含了1周的考试周，所以严格来算美国应为：3×50（分钟）×14（周）=2 100分钟，美国多中国300分钟。从花费时间来看，中国高校的学分更容易拿。

今天去ESU看到了Stanley和体育管理系的韩国教师。Stanley这学期有4门课，每周12学时，一学期要上12学分的课，这是ESU专职教师的标准工作量，和体院的学科教师相比，这个工作量是比较高了。快到中午去学生活动中心二楼坐一下，里面人声鼎沸，非常热闹，学生放完假刚见面，大家都异常开心兴奋。这里还卖一些西式快餐，汉堡、披萨、三明治、饮料等，很多学生边吃边聊，整个屋内像开 Party 一样，洋溢着年轻人的青春活力和骚动。我中午去食堂吃的饭，与之形成鲜明对比的是，食堂里比较冷清，大概人都聚集到活动中心去了吧。中午时本来想像去年一样，在操场运动一下沐浴在午间的阳光里，结果刚走了一圈，迎风吹得头脸像刀割一样，风太大了，只好作罢。这几天降温大风终于像以往冬天的样子了，据说这周末要下大雪，终于等到你了——大雪。但又一想，老婆儿子周日到，会不会受影响呢？所以既盼望着又担心着。

今天在 ESU 不小心受了点伤。在学生中心一楼往校园卡里充完钱出来时，当时脑子里在想着什么，一不留神，脸撞到了玻璃门，因为我戴着眼镜，所以这样正面撞上比不戴眼镜的人要危险很多，结果鼻梁骨正中撞破了，流了不少血。幸好镜片比较厚，眼镜和眼睛没事。这是我来美国第二次撞到玻璃门了，上一次是在教堂，是不是因为美国人的玻璃太干净让人觉得透明无物一样呢？做任何事都很难一帆风顺，总会有波折，这就算是美国之行的一个波折吧，但愿是为后面的平顺奠定一个基础。

52

2016 年 1 月 22 日

残疾人停车位

美国的停车场都有残疾人停车位，一般都是在离出口或建筑物最近的地方，有几个，而且车位比一般的要宽。ESU 校内停车场、附近小学停车场是我经常路过的，从来没有车停在残疾人停的车位上，也就是说尽管残疾人停车位是空的，但普通人都自觉地从不把车停在那儿。今天在 ESU 终于看到残疾人停车位上停了一辆车，我很好奇地特意走到车头去看看是辆什么车，只见在车前挡风玻璃内挂着一个残疾人车辆的牌子。美国的所有公共设施都考虑到了残疾人的需求，比如，所有的台阶旁都必然有一个适合轮椅通过的斜坡通道。有一次我从学校去沃尔玛，前边有一个坐轮椅的残疾人，他使用的是一个自己驾驶的电动轮椅车，在人行道上他走得很快很平衡，快过我的快走速度。我记得他开始在我后面，后来我给他让路，他在前面走，我加快步伐才能勉强跟上他。过马路时，都有斜坡的轮椅通道，他很方便通过马路，走到对面的人行道上。我们过了几个路口，他走得都很顺畅，到了 Pocono 广场，快接近沃尔玛时，没有路口了，他加快速度，一会已无影无踪了。我想在国内的城市里，一个坐轮椅的残疾人是很难自立地、那么便利顺畅地在道路上穿行的。残疾人的生活状况，应该是一个国家社会文明程度的重要标志。

昨天上午在图书馆用馆里的电脑打印点东西，完全是免费自助式的。有两台快速激光打印机，连接着十几台电脑，任何人在其中任何一台电脑上打印的东西，通过那两台打印机很快就会得到。我在电脑旁大概两个小时，其间这两台打印机几乎都没有停过，刚开学，很多学生打所选课程的教学计划、教案、课件 PPT 等，经常一打就是几十页。美国学生上课一般没有教材，起码不强制买教材。课程开始之前，教师会把教学计划、教学课件等挂在网上，只有选修这门课的学生才能进去下载这些资料。上课时，大部分学生都用一个大夹子夹着课程资料来听课，用功的学生边听课边在资料旁记录一些资料上没有的内容，这和国内大部分高校的做法是不一样的。在国内高校，一般是要求买教材，但学生却得不到教师的 PPT 和教案。

昨天中午在金星吃饭，看到一美国哥们儿“中国通”，普通话说绝了，如果不看人，只听他说话，完全听不出来是个外国人说的。他告诉我在中国待了 13 年，因为小孩要回来上中学，所以 5 年前回到了美国，但还是经常去中国，准备今年 2 月下旬又去中国，他很内行地告诉我：你们 2 月初过新年，去早了没用。

我问：你普通话怎么说这么好？和大山有一比了。他告诉我刚开始到中国，边打工边去学校学语言。我让他评价一下中国和中国人，他完全没有了美国人的直率，很中国式地说：我很喜欢中国，虽然它也有很多缺点。看我在看中文报纸，他也要了几张看，我很惊讶他还能看中文报纸，他说读中文基本没问题，看到报纸上写中国 GDP 的报道，他引用中国老百姓常说的话：“GDP 关我们什么事，我们一样要工作、做生意、生活。”我先离开时起身和他告别，他除了说再见外，又很中国地叮嘱我：慢慢的。这美国哥们儿，简直成中国人精了。

53

2016年1月23日

迟到的暴雪

终于等到你了，暴雪。

一个星期前大家都在谈论，下周末将有暴雪，我自然万分期待。以前在新闻中经常看到加拿大、美国北部迎来暴雪，雪深过膝，雪把汽车完全给埋没了。去年确定来美国宾夕法尼亚州时，就在想它也算美国北部了，不知能不能亲眼看到电视中刮暴风雪的场景。结果今年冬天赶上美国百年不遇的暖冬，整个12月份温度像秋天，基本没下雪，圣诞节更是像在夏天中度过，20℃以上，很多美国人是穿着短袖衫迎接的圣诞老人，完全颠覆了圣诞节一片雪白世界的形象。后来看到报道说这是有气象记录以来纽约最热的一个圣诞节。1月份下了两场小雪，因为气温较高，基本上还没把地面完全染白就已开始化了，很不过瘾。我心里想着：不知还会不会有大雪，这是我在美半年最后的一个心愿了，见识一下暴雪。我没见过非常大的雪，在长春上大学期间，也没看到很大的雪，只见过很冷的天气——滴水成冰，整个室外就像一个大冰场一样，走路要特别留神。

天气预报说从昨晚开始下雪，我一直到晚上11点30分上床睡觉前，还最后向窗外看了一眼，没下，天气预报会不会搞错，带着些许疑惑入睡了。Mora昨晚在微信中写道：Waiting for 雪暴，我还给她回信：You are wrong，暴雪。早上醒来，第一件事就是掀开窗帘向外看，啊！雪还在下，外面一片白色的世界。

施老师告诉我雪是从昨晚12点开始下的。雪不大，但很密，夹着大风，铺天盖地，从昨天夜里一直到今天白天几乎下了一整天，到下午5点钟天快黑时才停下来。中午12点时，我撑着雨伞出来赏雪，刚出门踏上第一脚，雪已把运动鞋给淹没了。房子、汽车都成了白色，一幢幢木头房子的小镇真像一个白色的童话世界。远处有些大人和孩子在铲雪，孩子的声音里透出的满是兴奋和欢乐。

当地的政府公共机构和居民对这种大雪天气已习以为常了，知道如何从容应对。一大早就看见政府的大型铲车在马路上来回奔跑，一趟又一趟地把主干道中间的雪铲到两旁。居民家里都有手推式铲雪机和专门铲雪用的铲面很大的铁铲。一个老太太一大早就推着她的铲雪机铲马路两边人行道上的雪，她不是只扫自家门前雪，我见她把我们房子前人行道上的雪都铲了，还继续推着铲雪机向前走。

下午5点钟雪停了，一个小伙子在打扫覆盖在汽车身上的厚厚的积雪，当他先把车身四周的雪清除掉后，可以清楚地看到覆盖在车顶上的雪的厚度，我目测了一下雪厚不止半米，已经深可没膝了。

老婆和儿子明天下午3点到纽约肯尼迪机场，天气预报说明天没雪，这样他们的航班就应该是正常的，祝他们明天一路顺风！

54

2016年2月2日

同家人游玩

1月24日一早起来去纽约肯尼迪机场接家人。Stanley把我送到Martz长途汽车站，因为大雪，上午八九点的班次都取消了，最早的一班汽车是10点45分，昨天还是暴雪，今天能有车去纽约已经很不错了。高速公路上的积雪已被清理到路两旁，堆得有1米高，估计是工人们连夜清理的。一路上比较顺畅，12点多到了曼哈顿，出了汽车总站一看，嚯，整个城区淹没在一片白雪之中，机动车道上还有很多积雪未清除，很多路都只开辟了一条单行道勉强能够通行，大型铲雪车还在忙碌地工作着，很多穿着制服的人或推着铲雪车或拿着雪铲正在有组织地除雪，也有些普通市民加入到除雪大军中，整个纽约城正在与暴雪进行一场人民战争。Stanley告诉我昨天去纽约的高速都封闭了，纽约市长宣布全城进入紧急状态，并呼吁市民尽量待在家里不要外出。

所幸的是，机场大巴还是顺利地在下午2点10分把我拉到了肯尼迪机场7号航站楼。飞机晚点一小时要4点15分到，我就在接机口耐心等待，这期间看到大批的中国人走出来，操着熟悉的中文，感觉中国人确实多，中国人真是要消费全世界了。因为通关人多，我一直等到7点10分才见到久违的老婆和儿子。儿子非常兴奋，叽叽喳喳地围着我说个不停。是呀，这是父子两个第一次分开这么久。四个多月了，每当我在美国无聊、孤独时都会打开手机看看儿子的照片和视频，这种思念是无法言表的。乘出租车（70美金，确实贵）到了上次我住的位于33街的宾夕法尼亚酒店，我网上预订的是Double Standard房，结果进去一看只有一张1.4米左右宽的中床，完全不够三个人睡。我跟老婆说：在国内标准双人间不是两张床的吗？是不是给我们弄错了？我又下到前台去问，工作人员说：没错，就是一张床。于是我直接说需要有两张床的房间，他们说：可以，但要加钱。最后终于换了相当于国内标准双人间的有两张床的房间。

儿子生物钟完全还是中国的，兴奋到晚上12点多才睡去，但半夜4点钟就醒了，怎么也不睡了，折腾得我们也睡不成，一直到上午9点钟他才又睡去，这一次就当国内的晚觉来睡了，下午2点30分还不醒，我笑他们母子两个：你们住在纽约的市中心800多块钱人民币一晚的房间里，大白天睡大觉，真是太奢侈了。勉强叫醒儿子，带他们去时代广场转转。在时代广场，老婆拿出手机给我们照相，这时有两个打扮成超人和鬼怪的小丑也主动站进来陪我们拍照，我知道他们不是免费的午餐，一般一块钱一次(上次来时我见游客给他们1美元)，儿子喜欢就一起照吧，照完后我给他们一人1美元，他们说：No，No，两人要20美元，因为已经照完了，只好付钱任他宰割。老婆很心疼地在旁边埋怨。看来，美国也不都是地道人，我想如果照之前问他价格，他们一定只说1美元的。沿着42街向东走来到布莱恩公园，积雪都被铲到路两旁堆成有半人高的雪堆，周围没人，儿子很兴奋地和我打起雪仗，这时一位美国老人见我们玩得开心，也忍不住加入进来，他在另一侧向儿子开火，儿子向他还击时，他假装被打中慢慢地倒在雪堆中，老顽童的样子让人忍俊不禁。晚上在宾馆看老婆手机中的照片，看到去年 11 月我没在家时儿子过生日许愿的照片，儿子主动告诉我他许的愿望是：希望爸妈永远都和他在一起玩。我笑着夸他有进步，以前许的愿都是天天都有新玩具之类的，同时在心里也提醒自己要尽可能多地陪儿子，陪他一起慢慢成长，这是对他最大的爱。

26 日，儿子时差反应还是很明显，半夜 4 点又醒了不睡，折腾，到早上 7 点才又昏昏入睡。上午 11 点叫醒儿子去中央公园玩。来到中央公园完全是一个冰雪世界。儿子生长在广州，极少见雪，连我也是第一次见到这么壮观的冰雪场面。儿子跟我们打雪仗，堆雪人。后来看见一帮年轻人从小山上向下滑雪，他不知从哪里捡到一个破的塑料板，也有样学样地从小山坡上向下滑，儿子的平衡能力和勇敢精神可嘉，跪在塑料板上居然从小山坡上平衡地滑下来。后来我们又找到另一处更好的滑道，这里有很多小学生在滑雪，上边和下边各站了一位成年人指导和保护他们，原来是在上一节室外的体育课，能够因时因地制宜地选择这样的体育课教学内容，真要给体育教师点赞。

27 日上午来到曼哈顿唐人街，因为化雪路很泥泞，还有些积雪堆在马路旁、人行道旁，使原本狭窄杂乱的街道更显得拥挤。把住宿安顿下来后，我们赶往自由女神像。天公作美，但在游艇上感觉风很大，回程时，因为时间较晚了，已经不能去艾丽丝岛了。在回程的船上，有位黑人妇女走过来非要给儿子一个她刚买的热狗，开始我们有些摸不着头脑，但看到她笑容可掬的样子，我意识到她应该是喜欢儿子才送给儿子吃的，就叫儿子收下并谢谢阿姨。她走回船舱对面坐下后，我问儿子：她为什么给你吃的呢？儿子说：刚才我跑到卖吃的地方看食品，她摸了我的头，我就跑回来了。看来我的分析是对的。坐地铁回唐人街时，旁边站了个很酷的年轻白领，见我不停地看地图，主动问我：Where are you going? 美国人的热情友好从这些点滴小事中无不体现。

28 日，从唐人街出发，开始了我们费城——华盛顿跟团两日游。上午第一站来到了普林斯顿大学，地陪导游一上来就介绍：最新的大学排名，普林斯顿超过哈佛排到了第一位。整个学校只有 4 000 多名本科生和 2 000 多名研究生，从招生规模上这是个小学校，却有 300 个学生社团，1 000 名全职教师（师生比 1∶7）和世界上最多的经费。校园古香古色、风景如画自不必说，使我对它比较熟悉和神往的是因为杨振宁和李政道，以及爱因斯坦所在的普林斯顿高等研究院。相信很多中国人对杨、李两人的关系，以及两人的才气很感兴趣，我曾经用过一周时间几乎翻遍了网上所有有关两人的介绍以找寻答案。两人刚到美国时就是在普林斯顿大学，在合作的蜜月期，人们经常看到两人午后坐在校园的草坪上亲密地聊天和探讨，这段美好岁月最终成就了他们的学术生涯巅峰——获得 1957 年诺贝尔物理学奖。如果他们的关系如网上描述成的反目成仇，老死不相往来的话，确实让人遗憾。至于两人的才气，老百姓更喜欢直接地问：两人谁更厉害？

接着去到费城独立广场，美国独立宣言起草的地方，曾经的美国首都。导游做了历史介绍后，只是领着大家从独立大厅外的窗户向里面看独立钟，而不是进入独立大厅参观，让很多团员不满。

接着我们去看了一个美国非常独特的族裔——阿米什人。路途中走了一些山路，在山上向下望去视野非常开阔，从车窗向外看，一片雪乡，目所能及之处是一幅幅白色的水墨画。忽然想起毛泽东的“北国风光，千里冰封，万里雪飘”，豪迈之情油然而生。阿米什人是一群“生活在过去”的人，他们至今不开车，不用公共电网提供的电，家里没有电脑，没有电话，他们怕使用这些现代化设施，人会越走越远而回不到原来的生活了。他们特殊的宗教精神（属基督教新教的一种）、价值观指示着他们过一种自给自足的简朴宁静的生活。他们有自己的学校，只有 8 年的基本教育。他们居然与美国政府达成协议在宪法中规定：阿米什人不用服兵役，他们老了也不领社保，自食其力。他们种植，养牲畜，驾马车，还完全过着中世纪的生活，但他们却不是离群索居，他们周围都是现代化的美国社会和美国人。我禁不住问导游：他们怎么能够保证自己不被同化？不被现代社会所驯服？导游说这个问题很好，后面我的讲解也许会给你些答案。根据导游的介绍和自己的观察，我总结了以下几点：（1）他们一对夫妇一般会生 6 ~7 个孩子，保证族人数量不减少；（2）他们有强大独特的宗教思想作为精神纽带，孩子从小耳濡目染，当他 16 岁成人后会让他自己选择是接受洗礼留下来，还是离开去追逐外面的“花花世界”，但大部分人都会选择留下来继承族人的文化和文明；（3）他们非常团结，使族群有强大的向心力和感召力。导游讲了一个真实的事情：她的一位阿米什朋友因雪把房子压塌了，她在朋友家住了一晚，等她第二天回来时，看到很多族人自发地在她家帮忙盖房子，只一个晚上已打好了地基。国内很多有着独特文化的少数族裔，当前也面临着现代文明的冲击，如何保持自己的文化特色而不被现代文明所淹没，阿米什人也许能给我们一些启发。

29 日一早来到华盛顿。2009 年来过一次，很多都还有印象，不过这一次也有另外的见识和收获。原来白宫前面这个大广场——国家广场（National Mall）的设计理念是一个十字架，华盛顿纪念碑为十字架的中心，十字架的四端，西是林肯纪念堂，东是国会山庄，北是白宫，南是杰弗逊纪念堂。美国所有纪念碑高度不能超过华盛顿纪念碑，华盛顿城市所有建筑高度不能超过华盛顿纪念碑。这次才知道，华盛顿城原来位于美国南北走向的中间，穿城而过的波托马克河是美国东部南北方的天然分界线，所以当时选首都地址时，为了对南北双方公平起见就选在了波托马克河畔。这次跟团走进了国会山庄内部，这是 2009 年所没有的。国会山庄是左参右众，我们主要进到中间的圆顶大厅参观，里边陈列着影响美国进程的 100 个重要人物的雕像，和许多记载着美国重要历史时刻的油画，然后看了一个介绍美国和国会山庄历史的纪录片，参观就结束了，很遗憾没进到议员开会的地方看看。

接着去参观杜莎夫人美国总统蜡像馆，这是我第一次走进蜡像馆。人物确实非常逼真，不光尺寸、神情，而且皮肤、体毛都用材料做得栩栩如生，这些人物或站或坐或微笑或严肃，动作神态各异。美国 45 位总统，有些是携着夫人出镜的，如肯尼迪夫妇、里根夫妇、克林顿夫妇，每个人物旁的墙上都有一块牌子，上面记录着他说过的最著名的一句话、最主要的生平，如果观众对政治历史感兴趣、有积累，会觉得收获更大。我记得尼克松的牌子上写着他的最有名的一句话是：I am not a crook（我不是个骗子）。除了 45 位总统，还有一些当代著名政治人物，如曼德拉、马丁·路德·金、丘吉尔、卡斯特罗，还有第一个登月的阿波罗 11 号上的两位宇航员阿姆斯特朗和加加林。另外还有一些美国演艺界、文化体育界的明星，还看到了白宫最有名的总统椭圆办公室和白宫发言人的岗位，内容非常丰富。一同去的国内游客太爱拍照留念了，管他是谁，几乎和所见到的每个蜡像拍照。有一次，我听到身旁两位爱拍照的大姐指着一个蜡像小声说：

“这个人太丑，不和他照了。”我说：“这是林肯。”她们赶紧说：“噢，林肯啊，那还是要跟他合照一张。”国人旅游往往太专注于拍照，而忽视了更重要的观察、阅读和体悟。

华盛顿距纽约4小时车程，我们回到曼哈顿唐人街时已是华灯初上了。晚上我们在唐人街一家中餐馆吃饭，买单时，我注意到它把小费（Tip）直接打在账单上，算进总价里了。这种做法当然是不妥的，本来是一种感恩、奖赏、自愿的西方文化，与中国文化碰撞结合后就变味了。老婆忽然若有所思地说：“怪不得，上次晚上我们在唐人街那家香港餐厅吃饭买单时，总价格比菜单上价格贵那么多，原来他们把小费都已算进去了，而你最后还又另外给他们小费。”我一想，是有这事，老婆分析得应该没错，唐人街的一些华人餐馆这么做是有些不地道。

30日上午在曼哈顿唐人街购物。中国超市里的东西密密麻麻，琳琅满目，感觉一个不大的超市已把所有中国商品一网打尽，相当于一个大百货商店的容量了。路边摆的水果摊、蔬菜档也是品种齐全，国内有的这里全都有，国内没有的这里也能找到，物质真是丰富。老婆进到一个店里去购物，我和儿子在路边等待，这时儿子指着路边一辆公交车让我看，只见一个坐轮椅的残疾人正在自己上公交车，公交车前门台阶自动伸缩改为一个斜坡，残疾人坐在轮椅上自己滚动车轮上去，当他进到车厢中停下来后，司机专门走出驾驶室用绳子把轮椅固定在车上，我们看着觉得大开眼界，因为在国内从没见过。残疾人士的自尊自立是完全可以做到的，只不过需要社会给他们创造一些基本条件。

30日下午回到东斯特劳斯堡的住处。

55

2016年2月5日

不能入读公办小学

家人住在东斯特劳斯堡镇快一周了，我带他们去了Outlets、沃尔玛购物，去ESU参观，去周边闲逛游玩。刚好这一周天气晴朗，阳光明媚，他们也不由感叹美国的天空真蓝，到处是大草坪，绿草茵茵。昨天中午我们一家在旁边一个教堂后面的大草坪玩，那是一个小山坡，儿子兴奋地从山坡上往下滚，还要求我们跟他一起滚，看谁滚得快。我和老婆只好陪他滚，虽然滚下来后头都晕了，但这样开心放肆地玩耍，却是很久都不曾有过的。

老婆是个比较节俭的人，购物时看到什么东西都要用计算器乘以6.5（大概的汇率），只有这样换算成人民币她才有价格高低的概念，换算后的结果是她觉得美国的绝大部分商品都比国内贵。我告诉她：你这样乘以6.5去比，当然觉得贵了，否则美国的物价也太低了，如果你非要比，最好用PPP（平价购买力）去比，1美元约为4元人民币的样子。儿子喜爱乐高，他在沃尔玛玩具区看了很久乐高玩具，我笑他看得眼花缭乱无法决定了，儿子最后得出结论：美国的乐高比中国的落后，因为中国超市里有电动的乐高，而美国没有，也许儿子是对的，但老婆说同样型号规格的乐高，美国的折成人民币也比中国便宜。中国教育讲究言传身教，身教重于言传，儿子看到我在这边记些日记，就也要写日记，于是买了一个日记本，一本正经地口述，让我和他妈妈记录，日记本的封面学着像我的一样写着“旅美日记”，贵在坚持，不知这一点他是否像爸爸学习。

我们的计划是老婆先回去上班，儿子去美国的公办小学上学大概两个月，然后跟我4月初一起回国。我比较担心会不会因为时间太短而被美国学校拒绝。儿子刚过6岁，刚好可以免费上公办学校的学前班（Kinder－Garden）。我了解了入读公办小学的大致程序：先上教育局网页下载报名表格，网上预约一个时间，然后带着孩子和所填表格、所需证件去教育局面谈。于是我先下载了报名表格，好家伙，一共49页，把我吓了一跳，这么复杂！仔细看了这些表格的内容，要求填写的内容并不多，很多是需要家长阅读、理解、认可，最后签名即可。但一旦签名，就代表了在这项内容上你是要承担责任的，或者是你不能追究校方责任的。这些内容感觉有些千奇百怪、包罗万象，比如有上学着装的要求，使用电脑互联网等电子产品的说明要求，选择使用何种通信联系方式的约定，学生身体检查和牙齿检查的要求，学生外出活动的约定，学生父母和家庭的疾病登记，家长对学生不是被之前学校开除的保证，等等。最后家长还要对所提供材料都是真实的进行签字保证。这个包含49页的入学登记材料体现了美国社会的法治和契约精神，以及认真细致做到极致的职业精神。

当我们按照约定时间来到教育局面谈时，他们认真检查了孩子的护照及所填的材料，最后告诉儿子不能读他们的公立小学，不是因为上学时间短，而是因为他来美国时的签证是B1/B2旅游签证，按照美国法律规定，旅游签证是不能读公立学校的。最后他们善意地建议，儿子如果能改为J签证后可以入读，或者去读私立学校。从教育局出来后，我很是懊悔，因为我是

J1 签证，当时如果家人和我一起签，是可以用 J2 签证通过的，当初不清楚美国政策，谁知道不同身份的人在美国能够享受的待遇是有很大差别的。不能读美国公立小学的事实，一下子打乱了我们的计划。

56

2016 年 2 月 8 日

春节

昨天是农历腊月三十，中国人最大的节日——春节。我们原本邀请了 Stanley 一家来我们住处，加上施老师母女，大家一起过年。但后来 Stanley 说三十晚上刚好是美式橄榄球（Football）的决赛：Superbowl，因为我们这儿没电视，所以还是改在他家过年。因为我很喜欢看美国的 Football，但从未看过最高水平的 Superbowl 决赛，所以就欣然同意。

我们在自己住处炒了两个热菜，又带了一些打火锅的食材去到 Stanley 家，他还邀请了两个选修他课程的中国留学生一起过年。燕姣很能干，又是做烧烤，又是做火锅，很快就弄了一大桌子菜。当火锅里咕咚咕咚地冒出香气，大家举杯庆祝新年时，那种熟悉的年味扑面而来。但今年肯定是一个不同寻常的春节，在美国这个异国他乡过年，没有了熟悉喧闹的鞭炮声，没有了春晚，没有了走亲访友，没有了忙忙碌碌，因为没有大的过年氛围，年夜饭也更像一次普通的聚餐。

大家谈笑风生，吃得很开心，几乎忘了 Superbowl，当我们打开电视时已进入到第二节。燕姣说这就是美国人的春晚。比赛暂停非常多，以使电视台有充裕的时间插播广告，据说这些广告都是制作最精美的，价格最昂贵的广告，第二天还会对今晚的广告有一个评选，看哪个广告最好最受欢迎。中场休息时，照例是请最红的艺人来现场表演，今年请的明星中我只认识洛佩兹。这估计是目前地球上商业价值最高、经济产出最大的单场比赛，当然付出的代价就是比赛被过多的暂停所中断，观赏性打了折扣。因为小孩子要休息，我们必须早些回家，但我又想看一会儿下半场的比赛，等啊等，中场表演居然没完没了，最后终于还是没等到下半场开赛就提前回家了。

我是个老土，昨天刚跟老婆学会用微信发红包、抢红包，所以抢得不亦乐乎，很是开心。当抢到一个 70 多块钱的大红包时，兴奋的我如同中了彩票大奖一样大喊大叫。

今天本来是大年初一，但一切都跟平时一模一样，因为这是在美国。

57

2016年2月14日

假打折

儿子最终还是不能在美国上任何学校和幼儿园。因为是B1/B2旅游签证不能在美国上公立小学的学前班，我们又联系附近的私人幼儿园，他们只收5岁以下的儿童，儿子已6岁了，年龄不符合要求也遭拒收。美国的义务教育是从5岁的公立小学学前班（Kinder－Garden）开始，5岁之前的幼儿园属私立的，自费，所以收费比较贵。我们最后还去了附近的一家私立学校，每天下午2点30分就放学，而且收费较贵，如果我们去读一段时间，可以按天收费，具体价格是报名费200美元，入读费500美元，这是必缴的，然后每天30美元，读一个月大概要缴1 300美元，最后我们给儿子做思想工作，改变原计划，他和妈妈一同提前回去。儿子毕竟也是一个少年了，还算通情达理，尽管非常舍不得我这个老爸。其实最自责和纠结的还是我，自责自己没有搞清楚美国政策，如果当时同我一起去J2签证，就不会出现现在这个读不成公办小学的局面，纠结于是让儿子待在美国和我一同回去，还是让他和妈妈提前回去，原计划儿子是和我待在美国一段时间的，我心里也舍不得他再长时间地离开我，但他如果不能在美国上学，他待在美国的意义就小很多，每天只能与我24小时待在一起。儿子年幼顽皮，客观上也给我的工作学习带来极大麻烦，我可能后边的一个多月什么事也不能做，只能每天照顾他。感谢老婆和儿子的理解和支持，也感谢幸运女神的眷顾，当我上网给儿子买与妈妈同一班的飞机机票时，网上显示只剩最后 7 张了，如果再晚两天决定让儿子回去，可能因为机票问题而回不去了。

ESU 职业发展中心上周搞了个用人单位见面展览会，从周一到周五连续 5 天的下午 1 点到 4 点，每天针对不同的学院和专业学生，有不同行业的企业、用人单位来学校设置展台，与同学见面接洽，学生可以利用这个机会求职或找实习单位。商学院和体育管理专业在周一，Stanley 告诉了我信息，但因为要陪家人出门，所以我没有去。我是周五下午 1 点多去的，这天安排的专业是健康医疗和人文科学专业，来到现场后，场面之冷清非常出乎我的预料。参展企业有 20 多个，但学生来得很少，学生人数应该少于企业数，因为我看到很多企业展台前空无一人，企业的工作人员只能闲聊、看书以打发时间。我不知道前边 4 天是不是也这样，从今天的场面来看，这个见面会是不成功的。为什么学生没有积极性呢？是参展的用人单位没有吸引力，还是学生本身的学习积极性不高？这使我联想起上学期末（大概 11 月底），Stanley 所在的休闲旅游酒店管理专业租车组织学生去纽约附近的一个非常有名的休闲旅游博彩度假区参观学习，这种与专业紧密结合的接触实践的机会本来是非常难得的，我当时也报名同去了，但临近出发时，组织者通知我：因为学生报名人数少，活动取消。两件事合起来，从逻辑上使我得出一个不知对错的主观判断：ESU 学生的学习积极性不高，实践环节有待加强。

老婆想在回国之前，去 Outlets 不受时间限制地自由 Shopping 一次，所以昨天我们就一家三口乘坐公共汽车去 Outlets。这是我来美国近 5 个月第一次乘坐他们的公交车，因为在乡下小镇上，所以公交车就一趟固定线路，每一小时一趟，到站时间比较固定，为了节省时间，最好提前了解公交车经过你所在站点的时间，以便有的放矢而不用在寒风中等待太久。美国家庭都有车，所以乘坐公交车的人不多，基本上是大学生或少数贫穷人士或像我这种外地人。车上人很少，3 块钱的票价，使用我的 ESU 卡只需 1 元，沿途所设站点基本上把周边的商业网点、重要地点都串联起来，一网打尽。我们慢悠悠地，停了十几个站，经过 1 小时终于来到 Outlets。因为是周末，顾客还不少，商家打折的广告也比平时多。在 Coach 店，终于验证了我的怀疑，美国 Outlets 这些店也有假打折假促销。上周跟 Stanley 的车来时，我们在这家 Coach 店给同事买了个钱包，当时是实价没有打折，今天 Coach 店全场五折，我们注意到同样钱包的价格提高了一倍。记得在去年“黑色星期五”跟 ESU 胡教授的夫人王老师去 Outlets 时，我就问过一个问题：中国很多商家往往提高商品价格后再打折，这里的这些商家有没有这种假打折的可能？记得当时王老师以在美国待了十几年的经验很肯定地说：没有可能，美国的商家不会这样做。

坐在回程的公交车上，我注意到很多停靠站司机都没停，因为下边没有上车的，但他怎么知道车上没有下车的呢？正在纳闷时，只见坐我前边的一个小伙拉了下座位旁的固定在车身上的电线，车厢上部的一个显示屏上发出“Stop Required（请求停车）”的声音和文字，然后司机在前边这个站就停了，小伙子就下车了。又注意到另一名乘客下车时也是这样做的，噢，原来是这样，来时因为乘客少和 Outlets 是个大站必停，所以没有注意到每个靠窗座位旁的黄色电线原来是这个用途。快到站了，我也拉了下座位旁的电线，司机很快停车了。

58

2016年2月19日

对不起，我不能载你

昨天送老婆和儿子去机场，今天早上起来就有些想念儿子了，眼睛里、脑海里经常出现他的音容笑貌。儿子很顽皮，爱折腾，黏人，我总结自己和他的关系是：一见面就烦，一离开就想。前天晚餐时，儿子和施老师的女儿画画姐姐，两个小朋友一定要两家在一起吃饭，说要搞个离别宴会。他们俩像大人一样商量如何布置房间、如何安排节目表演，大人们只是负责做了饭菜，最后的晚宴被他们搞得有模有样。每次看到儿子像大人一样去思考，像大人一样去做事，我就忍俊不禁，实际上这也反映了儿子在一天天长大，我也要学会逐渐把他当作平等的大人来对待。

如果查中国日历的黄道吉日，我估计昨天对于我一定是不宜出行。前天晚上我们预约了第二天一大早6点10分的出租车，想赶上 Martz 车站6点40分那趟去纽约的班车。出租车早上6点就准时来到家门口等我们了，当行李放进汽车后备厢，我们也已上车坐好后，这时司机指着儿子问我：这个小孩多大年龄？我说6岁，他说：对不起，他没到8岁，所以坐车必须有儿童专用座椅，而我车上没有，所以不能载你们。我们一听急了，我说：很近的，这么早也不会有人查。司机指着车厢上贴的一个告示说：

不行的，这是美国联邦的规定，我不能违法。我问：那怎么办？请你赶快让你们公司派一辆有儿童座椅的车来。他说：公司出租车都没有儿童座椅的，你只有请朋友帮忙载你。老婆和施老师还想与他理论，我知道再说也没用了，就下车取行李，司机一边帮我从车上拿下行李，一边说了几个“Sorry，Sorry”。虽然坐不成车让人懊恼，但我当时仍惊讶于美国人的守法意识。如果仅是理性的算计，他被查处到的可能性非常小，也就是说他违法的成本很低，他应该去做，但他终究不去做，说明法律、守法已内化于他的心里成为自觉，从感性上、情感上已完全接受，而不会去计较利益得失。看着他白跑一趟而开车离去，我们三个中国人都觉得不可思议，他为什么要这样做，他是不是有点“轴”。

因为太早了，打了 Stanley 和几个朋友的电话都没人接，最后终于联系上胡教授的夫人王老师，等王老师把我们送到车站时，6 点多的车已没有了，只好坐 8 点的班车去往纽约。出了 42 街的纽约汽车总站，就赶忙拦了辆出租车直奔肯尼迪机场。老婆在出租车上问我：为什么纽约的出租车没有儿童座椅儿子也能坐，而今天早上的出租车却不行？是啊，为什么不一样？进了机场出发大厅，老婆由衷地说了一句：总算要回去了，儿子也是一副兴高采烈的样子，全然没有了之前我来美国时在广州火车东站分手时的悲伤。显然美国这段生活并不让他们满意，第一，语言不通，用老婆的话：出门像个傻子，只会说 Yes，No；第二，地理位置是乡村，没有了广州这种大城市的繁华便利，加之又没车，出门稍远就不方便；第三，他们来的后半段日子天气恶劣，经常雨雪大风，气温极低，只能待在家里“猫冬”。另外，老婆还觉得物价太贵，生活成本高，儿子可能还觉得没有小朋友玩，没有电视看。

送走他们，我坐机场大巴回到市内，在曼哈顿买了点东西，就去汽车总站准备坐 Martz 大巴回家。来时，我给自己买的往返车票（因为可以省几块钱），当我拿着票进站时，检票员说：No, No，你这不是车票。我这才定睛看我手中这张票，可不是嘛，是老婆和儿子的单程票的收据，但它和正常的票外形是一样的，只是上面印刷的内容不同。我一想恍然大悟，一定是来程检票上车时，检票员错误地把这张收据当成返程票还给我了，我当时也没仔细看，给了我就塞进口袋了。看来我过于相信美国人的工作态度和职业精神了。无奈只好又到售票处买了一张票，赔了时间又折了钱。

谁知倒霉还在继续。到达 Martz 车站后坐上施老师帮我叫的出租车，我两次告诉司机去 North Green Street，他回我说：OK, Green Street，本来较近，他走了很远，开始我以为他走另一条路，心想多绕一点也没啥，直到看到他的导航仪上显示快到达目标时，才确定肯定是不对的，我急忙说：No, No, At East Stroudsburg，这时我抬头瞥见路牌上是和 Green 非常接近的一个单词，我知道他一定是刚才听错了。司机倒也没生气，他又重新在导航仪上定位，然后告诉我几分钟就到。到家停车时，计价器上显示 17.5 元，而平时是 7 块钱的，我问：How much? 他说 17.5 元，我犹豫了一下，还是说了句：But, you are wrong（但是你的错），他说：因为你没说清楚，又示范了下两个单词读音的异同，我想算了，强龙不压地头蛇，给了他一张 20 元的钞票，他接过钱后，却又慢慢地对我说：算了，我只收你 10 元钱。最后下车时，两人互道“Thank you”，化一场干戈为玉帛。

59

2016年2月25日

真相难觅

昨晚刮大风下了一阵暴雨，在一个时间点上，房子晃动了一下，并且听到“咚”的一声响，我当时有种小木屋要被连根拔起的感觉。过了一阵，房子的灯闪黑了一下，但就一下，也让人很恐惧，当时就想在这种狂风暴雨、电闪雷鸣下，如果再停电，会让人很绝望的。随后听到远处有救援车急促的报警声。施老师从外边赶回来，告诉我：天气预报说今夜有飓风。随后又补了一句：这房子行不行啊？我们中国人对他们这种小木屋的坚固程度还是心存疑虑的，但我还是安慰她说：应该没事吧，周围都是这种小木屋，而且这房子已经有100多年了，都没事。夜里睡觉不觉得风有多大，但一直下着雨到现在，仍然是风雨交加。

上个星期天上午去了附近的一个天主教堂做礼拜，这是我在美国去的第三个教堂，前两个属于基督教新教的，其实我去教堂主要是观察和体悟。记得当年马丁·路德对天主教不满而另创了新教，他的不满主要是天主教等级森严，形成了一个庞大的官僚利益集团，对教徒戒律限制太多，繁文缛节。这次去了后，与前两个教堂相比，果然有些“繁文缛节”。天主教堂做礼拜的程序比较复杂，而且程序的各环节、说什么话都是固定的，并被打印在一张A4纸大小的塑料片上，满满正反两面。开始和结束都有4

个穿白衣的孩童领着大家入场和退场，中间有段时间是跪下来的，手放在前排的椅子靠背上，跪在前排椅子后下方一个可以折叠有海绵的木板上，中间大家都还起身离座排队去领取牧师发的小食物，还有多次的起立、祷告，加上肢体动作，我都有样学样地跟着别人做。我注意到这个教堂星期天上午分别在 7 点、9 点、10 点 30 分、12 点 15 分有四场礼拜祷告，而我常去的浸会教堂这个时间有两场，另一个曾经去过的老人会教堂只有一场，这应该也说明了天主教在当地的教徒是最多的。

前两天与施老师聊到最近美国的华裔警察梁彼得的案件，我忽然想起 18 号我送家人去机场，返回时，在曼哈顿的大中央火车站内，有一位华人妇女发给我一张传单，当时瞄了一眼，是号召大家于2 月20 日，在美国全国范围内发起一场示威游行，为了让梁彼得得到公正的审判，传单正中是梁的大照片，下面用大字写着："No Voice，No Justice!" 我看过一些相关的中文新闻，大致是他执行公务时误杀了一位美国黑人，但法院经过一年多的审理后，判梁误杀罪名成立，最高可判决 15 年监禁。记得当时中文报道中在评论这件事时，认为审判不公，有种族歧视的嫌疑，理由是之前发生过一些美国白人警察执行公务时枪杀黑人的案例，所有白人警察最终都被判罪名不成立，我当时粗略看过后的判断是：文章言之有理，这是一起典型的种族歧视，华人应该为自己的权益发声、行动。施老师告诉我真实情况可能并不是这样，她给我发了一篇微信文章《为什么梁彼得被裁定所有罪名成立?》，作者 LeMcDull，用中文写的，应该也是位华裔。他在文中引用了很多英文的原版报道，非常详尽，有理有据地进行了分析。文章最后总结道："这两天看了无数的报道和文章，给我最大的感受是'立场决定了叙述，而叙述引导修辞'。写这篇文章的初衷只是想补充在绝大多数中文媒体上缺失的一些细节，希望能帮助不清楚内情的人更好地去判断，在写的过程中，我小心翼翼尽量不偏向任一边。”作者认为梁彼得一案要切割成两部分来看：事发时的失误开枪和事后的抢救缺乏。梁被裁定所有罪名成立，更多是因为后半部分的缘故。但各大中文媒体几乎避而不谈，只一味强调前半部分梁的失误开枪，实际上有误导的嫌疑。

记得读研究生时，一位历史教师说：历史是个小姑娘，你怎么打扮她，她就像什么。现在随着年龄的增长，我觉得何止是过去的历史啊，正在发生着的事情又何尝不是这样的，你很难看清事实真相。所有事件，来自我们的直接观察很少，绝大部分都是来自于新闻媒体的报道，属二手信息，如果这个记者和媒体选择性地、歪曲事实地报道，或是在外在压力下、被动地做出这种报道，如果我们又只能看到这一种报道，没有看到其他相关报道的渠道和可能，那么情况就更糟糕了，我们只有被“洗脑”了。中美两国相隔一个太平洋，两国老百姓对对方的认识和理解也很容易被误导“洗脑”，比如受意识形态宣传的影响，以前很多中国人心目中的美国是什么样，自不必说了。倒使我想起来美国后的一件事，有次 ESU 的中国教师聚餐，我也参加了，其间大家聊起美国人信教者之多时，一位来了 20 多年的华裔教授说：在中国这样可不行，他们都是信共产主义的，不能信任何宗教。我赶忙纠正他，在中国，中共党员是信共产主义，不能信教。中共党员大概有 8 000 万人，但大部分不是党员的老百姓，他们还是有宗教自由的。

有些时候会恨自己是搞社会科学的，因为它太主观了，太模糊了，太意识形态化了，谁能“借我一双慧眼吧”，让我看到真相。

60

2016 年 2 月 29 日

酒吧文化

酒吧是西方人经常光顾的地方，我住的这个小镇（East Stroudsburg）和附近小镇（Stroudsburg）就有很多酒吧。在中国，酒吧也许是比较小资的、有些小情调的小众之地，而在美国，它就像中国的小饭馆一样，是人们生活中须臾不可离开、不可或缺的一部分。

来美国 5 个月了，一直没有机会去领略一下它们的酒吧文化。上周六吃完晚饭闲来无事，外边也不是太冷，就决定一个人去小镇商业区的酒吧坐坐。这里的酒吧都不大，但一进去感觉很温暖温馨，光线调得刚好，不亮但也不太暗，放着音乐，听上去是节奏明快纯净的乡村音乐，吧台上方有两台电视正播放 NBA 篮球赛，永远都放体育节目，这好像也是美国酒吧的一个传统，以前经过一些酒吧从外边看时经常在放 Football，现在本赛季的 Football 结束了，又开始放篮球了，美国人都是体育迷吗？音乐和体育是我的至爱，我当然乐在其中融入这个氛围了。

酒吧里人不多，有五六个人，围坐在吧台周围。我也像他们一样坐在吧台边的高凳子上，要了一支啤酒，女酒保热情招呼，我因为不知啤酒牌子，她拿出四五个不同品牌的啤酒让我挑，我说喝不冻的，她又去里屋给我拿。西方人去酒吧喜欢围坐在吧台旁，这个小酒吧围绕着吧台密密地放着十几张凳子，这和中国酒吧似乎也有所不同，国内酒吧我偶尔去过，吧台前的凳子不多，人们也更多喜欢坐在屋内其他地方。我左手边是一个 50 多岁的白人，体型发胖，一看是经常光顾的常客，和女酒保熟稔地聊天，看见我后主动与我打招呼，然后就问我会滑冰吗？让我一头雾水。不一会儿他的快餐做好了，他喝完了杯中的啤酒，起身准备走，我看他双脚落地时身体有些晃，这时，新的一首歌又响起，他听了一下，告诉我：Good Song！然后又坐下来听歌，然后又要了一杯啤酒，看来老哥也是位音乐爱好者，一位性情中人，一位享受酒吧文化的人。坐在我右手边的是一对中年白人男女，看上去像朋友，又像情人，他们时而窃窃私语，时而发出爽朗的笑声，特别是女的，笑声很大有些夸张，按说他们应该坐在旁边更私密的位置上。整个酒吧里没人抽烟，我看见白人女性几次起身出去站在门外抽烟。

一个小伙子进来坐在吧台边，点了一点酒水，和女酒保、周围的人有一搭没一搭地说话，但他只坐了 10 分钟左右，很快地喝光酒就走了。后面又陆陆续续来了一些人，很多年轻人看上去像是 ESU 的大学生，其中有情侣，有朋友聚会，酒吧是人们生活中非常方便的一个休闲、娱乐、聚会的大众化的地方，而在中国，具有这些功能的大众化的地方主要是餐馆和 KTV，可能还有牌桌。我坐在酒吧里看到人们频繁地出入，不禁产生了一个疑问：这里人们经常光顾酒吧，喝点小酒，那他们酒后怎么开车呢？能开吗？但若不开车，在这种居住松散的小镇上很不方便，就像没有腿一样。

我又喝了一支啤酒后，买单一共 5.5 元（两小支啤酒），便宜得出乎我的预料，即使折算成人民币，比中国酒吧的消费也低多了。后来一想这种差别是有道理的。在美国，酒吧是一种大众文化，消费者众多，商家可以薄利多销，而且价格贵了，大家不能经常光顾了，受连累的还是商家。而在中国，酒吧是一种小众文化，走的是高端路线，所以定价较高，即使商家降低价格，老百姓也很少光顾，在他们看来，有钱还不如去饭馆撮一顿。价格的不同实际上反映的是文化消费观的不同、生活方式的不同，而中国的一些中低档饭店的价格相对于美国饭店要便宜很多。

最近春节前后，经常看到国内一些文章，类似于“回不去的故乡”等，写过年回到农村老家后满目疮痍的情景和感受。后来主流媒体又出于意识形态的考虑和压力，质疑和否定了部分文章的真实性。孰真孰假，我想大部分中国人心里是有数的。近 30 年，随着中国不断城市化，年轻人不断向城市流动，在城市工作、定居，中国农村逐步走向衰落、凋敝已是不争的事实。与此形成鲜明对比的是，我目前刚好生活在美国的乡村，每天目睹和感受到美国农村的安宁、舒适、祥和，使我不由自主地去思考两者为什么有如此大的差距，国人曾笑称美国整个就是个大农村，但我觉得应该在前边再加四个字：现代化的大农村。记得习近平总书记去年访英时，媒体上有篇文章的标题是：英国的精华在乡村。人们伴随着领导人出访的报道，也或多或少领略了英国乡村美丽的田园风光，可见，不仅只是美国，西方发达国家的农村都是现代化的和宜居的。中国社会的城乡二元结构肇始于 1949 年新中国成立，特别是 1978 年改革开放后，城乡差距不断扩大，有人戏称中国的现状是：发达地区大城市和西方发达国家相差无几，是第一世界，而内陆广大农村像非洲，是第三世界。中国农村未来走向何处？还有希望吗？中国人以后能够不要农村了，绝大多数人都生活在城市里吗？抑或，中国的农村，像中国的大城市一样去追赶，最终建成和美国一样的现代化农村吗？

61

2016年3月1日

巴比（Earl Babbie）的《社会研究方法》

遗忘真是可怕的，特别是人到中年后，看过的书的内容不光是记不住，而且连有没有看过这本书都不确定了。巴比（Babbie）的《社会研究方法》（*The Practice of Social Research*）我在十多年前已完整地看过一遍，当我来美国再看这本书时，绝大部分内容都不记得了，我甚至以为以前我只是看了这本书的一部分，我这次要把它读完，但当我翻看这本书的每一章时，发现都有以前做的标记，才确定以前曾经通读过一遍。所以对于自己看的东西，我要求学生做读书笔记是对的。另外要想真正消化一本书，不遗忘，就是再把这本书对你来说的重点、收获串起来，记下来，这是读一本书的第二个阶段：由厚到薄，只有经过这个过程，这本书的知识才真正内化成为你自己的东西。当然，强闻博记、过目不忘的天才除外。巴比的这本书是社会科学的经典之作，我这次刚读完它的主要部分——上册，趁着还未遗忘之际，赶紧整理、串联，由厚到薄。

我先谈谈总的读后感。这本书英文名的准确翻译应该是《社会研究实践》，整本书就像它的名字一样，实践案例比较多。巴比的文笔是幽默轻松的，甚至有点随意，就像面对着学生交谈一样，娓娓道来，使我有种“原来教材还能这样写”的感叹。整本书的内容非常丰富，理论和实践相结合，但结构非常清晰有逻辑，像我这种本身就在做社会科学研究，也有一定的理论和实践积累的人，读起来仍然感觉收获很大，对社会科学研究有了更宏观全局的视角和系统把握。这本书的不足之处是部分章节在变量、指标、项目等概念术语使用间较混乱，让人分不清楚，当然这极可能是翻译的问题。我看的是第8版，最新的翻译已到11版了，不知是否更正一些了。

在一上来的篇章概要中，巴比独出心裁地由简到繁地给了四种概要（纵览一二三四），纵览一对本书的概括就一句话：社会研究是对社会生活做系统的观察，目的是发掘和了解所观察的事物。纵览二用了一段话概括本书，其中说：相比之下，社会研究者的观察则是一种审慎自觉的行为——事实上通常是一种团队活动。观察到的现象被用作仔细而客观的分析，并回答是什么的问题，完全不受研究者自身感觉的影响。纵览三用了一页多纸谈了本书的重点：资料的搜集（测量和观察，定性和定量测量，变量，抽样）；资料的分析（解释变量间的关系、理论）。他说：“你们将会发现严谨的社会研究所能采用的测量方法几乎是没有限制的，唯一的限制，就是个人的想象力。”直到纵览四，巴比才像其他书一样比较详细正规地逐一介绍了本书每一章的重点，但这种介绍比一般书详细很多，他花了13页用于介绍本书共19章的内容。最后一句话是：希望你们和我一样享受社会科学研究的乐趣。读到此处，心有戚戚焉。

人类探索科学。一个论点必须有逻辑（Logical）和实证（Empirical）两方面的支持。逻辑通过推理，实证通过观察。科学研究的三大层面是：理论、资料搜集（观察的方法）和资料分析。社会科学的辩证关系：个案式和通则式解释模式、归纳与演绎理论、定量和定性资料。

范式、理论与研究。常用的社会科学范式有：宏观和微观理论（接近心理学）、早期的实证主义（法国孔德开创）、社会达尔文主义（斯宾塞）、冲突范式（马克思）、符号互动主义（齐美尔、库利“镜中我”、米德“概化的他人”）、角色理论、常人方法论（打破常规）、结构功能主义、女性主义范式、交换范式。在实际运用中，理论和研究的互动是通过永无止境的演绎—归纳—演绎的交替过程来完成的（如图1所示）。

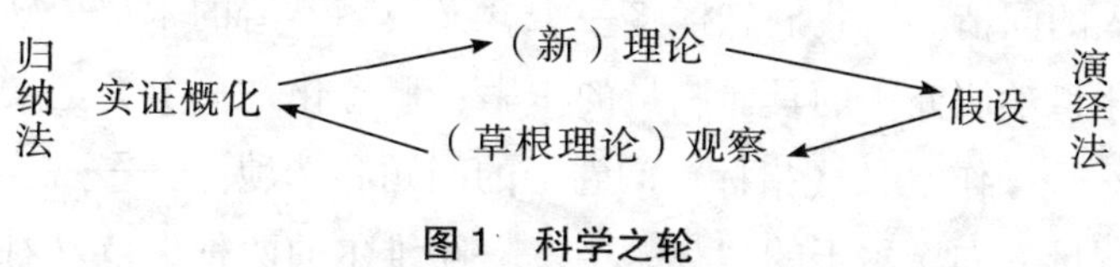

图1　科学之轮

第三章因果关系的本质。决定论视角——→通则式解释模式：以最少的因果变量提供最大限度的解释之间寻找平衡（如因子分析）——→因果关系（三个标准）。在社会科学研究中，两个变量间完美的统计相关并不是构成因果关系的标准，但有时，即使X并不是Y的全部原因，但是我们还是会说X和Y之间有因果关系。

上述三章构成了全书第一编：探索概论。第二编研究的建构。它包含了第四至第八章。

第四章研究设计。社会研究的三个基本目的：探索、描述和解释。研究谁：分析单位（分析单位与观察单位可能不同，具体有个体、群体、组织、社会人为事实等），分析单位是我们通常说的研究对象吗？社会研究的三个关注点：特征、取向、行为。时间维度分为截面研究、历时研究（趋势研究、世代研究、小样本多次访问研究）法。研究计划的设计包含以下过程：开始着手（研究兴趣、想法、理论）——→概念化——→选择研究方法——→操作化——→总体和抽样（研究对象就是研究总体吗?）——→观察——→资料处理——→分析——→应用。

第五章概念化和测量。任何事物都是可以测量的，有些变量含义是复杂的、感性的，对它的测量属于复合测量，这时概念化就是要具体区分概念的不同维度，和确定维度上的每一个指标。如“同情心”分感情层面和行动层面两个维度的同情心，或分为对人类同情心和对动物的同情心，或分为宽恕他人的同情心和怜悯他人的同情心。我们怎样将一个含义模糊不清的术语，转换成结构化科学研究中的具体测量的步骤：概念化——→定类定义（维度）——→操作定义（指标、问卷上的问题和选项）——→现实世界中的测量。如涂尔干的“失范”——→鲍维尔的两种失范（社会失范和个体失范）——→史汝尔测量个体失范的五个叙述性问题。评估测量质量的两项技术性指标：信度和效度。定量的、通则式的和结构化的技术（如调查和实验）通常有很好的信度，但往往会丧失术语的丰富内涵和神韵，因此效度低；而定性的和表意式的方法（实地研究）则刚好相反，效度高却信度低。概念的含义完全来源于人为的赋予，而赋予某个概念以含义的唯一标准就是其实际用途，而非其真实性。用各种方法测量概念可以帮助我们了解周围的世界。

操作化。操作化就是具体测量变量的过程。各种研究方法都是操作化的方法，但问卷提问是操作化最常用方法。四种不同的测量层次：定类、定序、定距（IQ 测量）、定比。问卷设计中的关联式问题、矩阵式问题。单调的人口统计资料通常放在问卷的最后。操作化永无止境，又最考验研究者的功力。

指标、量表和分类法。指标和量表都是典型的对变量的定序测量，多用于复杂变量的复合测量。量表优于指标，因为量表能测量变量的强弱程度。在社会研究中使用指标的频率远大于使用量表的频率，但很多测量工具称为量表，实际上是指标，如凯恩的《体育态度量表》。联合国的人类发展指数（HDI）由三个指标组成：平均预期寿命、教育程度和收入水平。量表有鲍嘎德社会距离量表、李克特量表的五级评判（在技术上是个误会）、哥特曼量表等。哥特曼量表是今天社会研究中最受欢迎的测量技术，即发现和运用变量指标之间的经验性强度结构，其复制系数大于90%，才是一个量表。

抽样。这一章让我印象最深刻。随机选择是一种精确而科学的过程，是概率抽样的基础，随机不是随意和随便（如图 2 所示）。

- 非概率抽样：就近抽样（方便抽样）、目标式抽样（立意抽样）、滚雪球抽样、配额抽样
- 概率抽样：
  - 简单随机抽样：随机数表
  - 系统抽样：更便利更常用
  - 分层抽样：先分类再分别抽；先分类放到一个连续列表中再系统抽
  - 多级整群抽样
  - 概率比例（PPS）抽样
  - 非比例抽样和加权

图2　抽样的随机选择

概率抽样的一个基本原则是：如果总体中的每一个体被抽取为样本的概率相同，那么从这个总体中抽取的样本，就具有对该总体的代表性。

抽样概念和专有名词：要素（分析单位）、总体、抽样单位（各级要素）、抽样框（研究总体）、观察单位、变量、参数值（总体而言）、统计值（样本而言）、抽样误差、置信水平和置信区间。

假如总体无限大，如果95%置信水平，置信区间±5%，那么样本至少需要400人；若置信区间为±2.5%，那么样本至少要1 600人；若置信区间为±10%，那么样本至少要100人，这是随机样本的最低标准。

抽样设计中有两个因素可以减少抽样误差。首先，大样本比小样本产生的抽样误差小；其次，从同质总体中抽取样本比异质总体中抽取样本所产生的抽样误差要小，所以要分层抽样。

一个排过序的名册可能比一个杂乱无章的名册提供更多、更有用的信息，因为它可以使系统抽样中隐含分层。常有人认为在系统抽样前，必须先将整个名册的顺序打乱，而事实应该是：只有存在周期性情况下，整个名册才需要重组。

美国有全国社会调查（GSS）。中国有CGSS，是中国人民大学调查与数据中心做的，采用入户调查，2015年基于电脑辅助面访技术，调查了28个省，476个村居，12 000人。另外还有：北京大学中国社会科学调查中心（ISSS）。

第三编观察的方法。观察的方法就是研究方法，属于资料的搜集部分，包含了第九至第十三章。

实验法。实验法又称控制实验（与之控制实验相对的是自然实验：在自然情境下的实验），特别适用于假设检验，更适合于解释，而不适合于描述。古典实验：自变量和因变量、前测和后测、实验组和对照组、双盲实验。如果能保证随机分派受试者到实验组和对照组，就可以省略前测，只要实验组和对照组的后测进行比较即可。内在无效度和外在无效度。霍桑效应、皮格马利翁效应。焦点群体实验方便适于探索性研究。

调查研究。调查研究是社会科学领域最常用的观察方法——问卷调查法。邮寄自填式问卷，回收率50%以上已足够好。入户访问调查，对访员要进行培训。电话访问+电脑辅助被较多运用，其实更新的问卷调查法是通过手机和微信等现代化通信工具。调查研究在处理较复杂的议题时，总是显露出肤浅的一面，所以一般效度弱、信度强。通过对其他研究者所搜集的二手资料分析，可免除调查的艰辛。

实地调查。典型的定性研究，是社会研究中最本分的技术，包括了参与观察、深度访谈、个案研究等，人类学所说的田野调查（Field Research）就是实地调查，实地调查是典型的理论生成活动，即探索型研究、草根理论的形成。观察者的不同角色有：火星人——完全旁观者、皈依者——完全参与者，是否报家门可能涉及伦理问题。和研究对象的关系：信或不信（超然）。在问卷调查中通常使用结构性问卷，而非结构性问题则更适合实地调查。实地访谈的研究者必须像记者一样学会巧妙引导对话走向，即引导式交谈。实地调查后要及时做观察记录，并要及时整理笔记建档，资料分析主要是对相似性和相异性模式的搜寻——然后对这些模式加以解释。实地调查的优点是深度和弹性，对于研究行为和态度的细微差异和考察长时间的社会过程特别有效。实地调查的缺点是很少能针对大型群体做出精确的统计性陈述。效度较高、信度较低。

非介入性研究。包括了内容分析法（主要是传媒）、既有统计资料分析法（主要有官方和准官方的）、历史/比较分析法（纵、横研究）。非介入法不会对研究对象造成影响，这是它的不同之处，也体现了社会研究的无穷空间。内容分析法可以定性研究（隐性、深度）和定量研究（显性、具体）相结合。涂尔干（法国）用官方公布的统计资料，通过研究不同国家和地区的自杀率，提出了失范的概念，并探讨了失范（Anomic）的原因：政治动荡、自杀率增加；宗教的差异也可以成为解释自杀的原因：天主教，作为一个结构较健全以及较整合的宗教系统，给人们以连贯和稳定的感觉，远超过结构松散的新教。受制于既有资料的限制，涂尔干的研究在分析单位上也存在区位谬误，但他用逻辑推理和复证两种科学方式弥补了区位谬误，提高了研究方法的效度。

另一个经典的非介入研究是韦伯的《新教伦理与资本主义精神》，韦伯利用历史文献对资本主义兴起和加尔文教禁欲（享乐欲望）主义的关系进行了研究。在韦伯的研究中，加尔文主义（新教的加尔文宗）提供了资本主义发展的重要动力，加尔文教徒并不把金钱“浪费”于世俗的享受上，而是节俭生活，将金钱再投资于他们的经济企业，因而提供了资本主义发展的必要资本。韦伯还研究了为什么资本主义没有在中国、印度等古代社会中发展，在这两个民族的宗教中，他并没有发现任何支持资本累积和再投资的教义——这就增加了他关于新教角色的结论。在中国传统文化中，商人的地位是很低的。

评估研究。评估是应用研究的一种形式，正被人们广泛使用。评估有时与项目（干预）同时进行，有时在项目之后单独进行。评估研究就是确定预期结果是否出现的研究过程，以确定社会干预（项目）的成功与失败，所以有些像实验研究的思维和程序，属于自然实验、准实验设计。现实中的评估研究会受到社会环境等诸方面因素的影响。社会研究中另一个快速成长的领域是社会指标的发展与观测。

62

2016年3月6日

社区辣椒比赛

“Chilli”的本意是干辣椒，那么“Chilli Food”从字面理解就是辣椒食品了。所以当Stanley邀请我去参加一个“Chilli contest and live performance”，并做评委时，我以为是一个吃辣椒比赛，心想那一定很好玩，就满口答应了。

昨天（周六）上午11点，我们驱车前去参加这个比赛。活动是在一个体育馆内进行的，我们大概11点20分到达，人并不多，体育馆四周摆了一圈长条桌子，还有编号，中间也摆了很多桌椅，前台有一个乐队正在调试乐器。在入口处写着“Chilli Food”，每张票5元。后来Stanley告诉我：卖票收的钱是准备做捐赠的，他的上级，ESU商学院的代理院长Moranville教授是这个活动的组织者。

人陆陆续续地多了起来，很多人是带着大电饭锅之类的东西来的，然后把锅放在四周的桌子上，噢，我看明白一些，原来他们是参赛选手，锅里盛的是他们的参赛作品：“Chilli Food”。我们四个评委坐在前台的乐队旁边，我问Stanley：原来不是吃辣椒啊，Chilli到底是什么食物？Stanley笑着说：“是一种墨西哥传统食品，后来传到美国，一会你就知道了。”我心里暗自好笑，我这是个什么评委，连要评的对象都没搞清楚。12点乐队的音乐响起来了，四个老男人组成的乐队，Moranville 教授是贝斯手，主唱一看就是个老手，他边弹吉他边唱，声音很高亢，声情并茂。

我们每个评委手上都有张评分表，表的横排是评分类别，大概就是我们中国人评价一道菜的四项标准：色、香、味、样式，分别打分，然后计算总分，每一项评分从低到高依次为 0 ~ 5 分。纵列是选手序列编号，大概有 30 位选手。不一会儿，工作人员开始送参赛选手的食品让我们品尝了，我一看，这 Chilli 不就是我在 ESU 食堂经常看到的，用铁桶盛着，放在汤的一边，但我从没去吃，因为它不稀不稠，看上去既不像菜也不像汤，一般是暗红色，闻上去明显有西红柿味道。我们像美食家一样品尝鉴定着每个选手的 Chilli，大部分都有辣味，辣的程度不一，终于让我把这种食物与它的名字“Chilli（辣椒）”联系起来了。说实话这美食评委的活也不好做，要想准确鉴定出每一份食物的质量很难，区分度太小，你又不能不负责任地乱打分，Stanley 说第一感觉最准，也许吧。

场地中的人越来越多了，大家可以随意地走到任何一名参赛选手的桌前要一份他的参赛作品来吃，这完全有点像美食节了。因为都是附近社区的居民，很多人相互间都熟识，大家或一家人，或几个朋友，三五成群地围坐在中间的桌上边吃边聊。噢，组织者还免费提供啤酒和蛋糕（相当于主食了），更让大家大快朵颐。这时，人多有气氛，乐队也更加地卖力，几位妇女随着轻松欢快的节奏跳起了舞，随后更多的人加入，比赛完全演变成了一个欢乐的大 Party。

履行完了评委的职责，我和 Stanley 在大家的载歌载舞中先行离场。Stanley 说时间尚早，这儿离赌场（Casino）不远，问我想不想去看看，于是我们驱车很快来到附近的一家 Casino。今天是周六，很大的两个停车场已经快停满了车，看来生意兴隆啊。我曾经去过澳门的赌场，当时新、老葡京奇特夸张的外形，内部宽敞的大厅，众多的设备，攒动的人头给我留下了很强烈的震撼印象。这次看到美国赌场，不由去和澳门对比，从外边看，美国这个赌场外观非常普通，像个庞大的民居，显得很低调。等我们步入大厅后，眼前豁然开朗，其面积之大，场面之壮观不亚于葡京。我们随便走走，四处看看，几乎每张牌桌前，每台机器旁都有人。走到机器区，我突然发现一个现象：机器旁坐的人大都是满头银发的老人，应该说是绝大部分，占 90% 以上，我笑着对 Stanley 说：原来美国的老人都躲在这儿玩啊！他说：美国的养老社保比较健全，一般年轻时有工作，足额交社保的人，退休后每月会有一笔可观的退休金，他们老了又没有其他消费了，就来这儿玩玩，不过也许是今天周末的原因，来的老人特别多。我观察老人们都玩得很投入，目不转睛，有些坐在一起的一看就是一对夫妇。与机器区相比，牌桌区的老人就少多了，我估摸着老人们是把这儿当作电子游戏厅了，他们真正的目的是来消遣娱乐，而不是赌博，不过，用这种心态来赌场也就对了。等我们走出赌场时，还能看到很多上了年纪的中老年人正兴致勃勃地往里走。我边走边想，中国的老人们都在干什么呢？

下周一迎来美国学校的春假，ESU 放假一周，感觉美国学校的假期真是不少。但这里气温仍然很低，还像冬天一样，春天的脚步什么时候来啊？

63

2016年3月9日

踏春

昨天气温开始升高，中午有15℃多了，今天可能还要高点，春暖花开，天气晴朗，碧空万里，正是踏春的好时节。

今天一早8点多，我和Stanley，还有他的两个同事相约去爬山，我们去的地方车程约20分钟，地名叫Dunnfield Creek Nature Area，看名称是条河的流域。果然从山脚下刚开始爬，就看见一条小河，我们实际上就是沿着这条小河逆流而上的。山势不高，但因为是原生态，所以脚下的路并不好走，或者说并没有什么路，只是一条人踩出来的小径，杂石丛生，偶尔还有一片片的淤泥沼泽地。山上散乱地分布着很多大树，有一些树被风吹倒后胡乱地横七竖八地倒着，显得这里一派自然原生态。与广东的山上相比，它没有亚热带的那些茂密的植物植被，也可能是春天还没有来临，目所能及处绿色的不多，树干基本是光秃秃的，还是一片萧条和单调的景象。

Stanley其中的一个同事应该是个户外运动的老手，而且看上去对这一带也很熟。他边走边给我们讲这一带的地形路线，因为时不时会有一些岔路口，我注意到在几个岔路口不同方向的树上都标记着不同颜色的小长方形，有蓝色、绿色，这位朋友告诉我们：一般绿色代表这个方向的路比较近，比较好走；蓝色代表这个方向的路比较远，比较难走，这我还是第一次听说，在国内也没见过这种标记的。在一处河水浅的地方，我们踩着河面上的石头过河，然后顺流而下进入返程。回程途中碰到很多登山者，当我们下到停车场时发现刚好已经停满了，完全没有车位了，我看了下时间，刚好爬了一个半小时，运动量刚好，腿稍微感觉有点累。

在美国的户外已经习惯了这种一望无际的蓝，万里无云，蓝得“没心没肺”。因为春天来了，最近总在微信朋友圈里看到国内朋友晒自己游山玩水的照片，说实话景色很漂亮，但看着图片我总觉得哪里不对劲，后来意识到，是天空的背景，是灰蒙蒙的天空使美景减色不少。我对 Stanley 说：希望 20 年后，中国的天空像美国一样蓝。

64
2016年3月12日

押金风波

今天晚上（3月的第二个星期日）美国又开始进入夏令时，告诉自己要记得把手表调快一小时。想起去年11月初美国结束夏令时时，我因为一个人住，生活在封闭的空间，过了几天比别人早一小时的生活，就觉得好笑。美国的夏令时一直都实施着，为什么中国仅执行了几年就彻底放弃了呢？网上说中国执行夏令时时，发现仅东部地区更能有效利用白天的时间，效果并不大。那美国和中国都是一样的幅员辽阔，东西横跨几个经度区域，为什么美国有效果呢？我自己仔细想了下，应该是美国的时间实行的是分区制。美国本土从东到西分为四个时区，各相差一小时，而中国实行的是统一时间——北京时间。去年夏天去兰州，晚上9点天还亮着，听说在新疆晚上10点天还亮着，若实行夏时制再提前一小时，那新疆晚上11点天还亮着，你还让不让人家维吾尔族同胞好好睡觉了。那接着再往下思考，为什么中国不像美国一样实行分区制呢？我想首先统一时制和分区时制是各有利弊的，另外，这种时制上的不同或多或少还是与两国传统的政治治理文化的不同是相一致的，中国是集中治理，美国是分权治理。

原来Mora并不是我住的这幢房子的主人，她说房东是她的一个好朋友，她们一起长大，朋友现在去外地照顾她90岁的母亲了，委托她照看房子并出租。但我每次看到她对房子的细心呵护、爱惜，对出租收租等事情不厌其烦地来回奔波操心，如果她只是帮助朋友，那她真是个品德高尚、有责任心、值得信赖的好朋友。

Mora 每月月初会来收这个月的租金，3 月初她微信告知我们她明天会来收租，我问她，我已买了 4 月 1 日的机票，这是我住在这儿的最后一个月，我还用交租金吗？因为开始入住时我多交了一个月的押金（600 元房租押金 + 200 元电气油等公共支出押金），中间她好像曾经跟我提到过，我最后一个月的租金就不用交了，从押金中抵扣。谁知她回微信说：不，这个月租金要交，押金等到最后你要走时，我检查一切都 OK，再返还给你。我当时对她的回答很失望，觉得她说话不算数（后来想想，她用英语说的，也可能是我理解有误）。我告诉她：按照中国的规矩，一般是用押金抵扣最后一个月的租金的，她很强硬地说：这是美国，这里不是这样的。我又告诉她：如果我不用交房租，我就可以用这些钱在走之前去 Shopping，如果你最后再把押金给我，我拿着这些美金什么也干不了了。这是我真实的想法，平心而论，她在走之前给我押金是可以理解的，但我有些生气的是：你为什么不能替我考虑一下，给我个方便呢？她回信说：我非常理解你，但是我没办法。结果，我只得请老婆往信用卡里再存些钱。

第二天 Mora 来收租金，她跟我开玩笑：你现在一定恨死我了。接着她解释说：她问过房东，是房东不同意先把押金抵扣了，因为她以前有过痛苦的经历。据说房东以前曾经先把押金退给租客，租客走后，她发现房间脏得一塌糊涂，且有损坏的现象。我当然要展示中国人大度通情达理的一面："No problem"，我微笑着说。Mora 最后说她这段时间会再和房东沟通，她非常理解我的要求。

老婆的钱打过来了，我也并没有把 Mora 最后的话放在心里，昨天，她给我发微信，问我明天有没有时间，想和我见面讨论一下我的押金的事。我说：如果你觉得提前给我押金让你很为难，那就按照你说的等我走之前，你检查过房子后再退还给我。她说：房东有个关于押金的建议，所以想和你见面说说。我说：你可以现在就告诉我她的建议啊。她等了很久才回复：最好我们能见面谈，并附了个笑脸。我觉得见面完全没有必要，但还是礼貌地答应了。

今天上午 Mora 如约而来，她说和房东沟通了，她同意先返还你 400 元押金，另外 200 元等最后检查了房子再给你，但房东提了两个条件：第一是你不要跟别人说你的押金先拿到了，这样别人会觉得不公平；第二我需要先检查你的房间，没问题后才能给你。看过房间后，Mora 返还给了我 400 元押金。

真是不打不相识，Mora 在这件事上还是展现了她的诚信和善解人意，她夹在我和房东之间，让她处理起来也很两难，但她还是通过自己的平衡和沟通能力很好地处理了这件事。我对这位美国老太太更加尊重和钦佩了，我们之间的友谊也在不断累积。

65

2016 年 3 月 17 日

收快递

同事 WM 想让我帮着带些西洋参回去。我早听人说西洋参属于温补，而人参属于大补，所以西洋参更适合老人和体虚的人吃。金星中国餐馆的老板娘告诉我以前很多人回国都喜欢带西洋参，以前便宜，最近这两年价格高了，好像带的人也少了。她说她知道很多人都是在纽约的中国城买的。Stanley 告诉我美国只有威斯康星州产的西洋参最正宗，他岳母曾经买过那里产的西洋参。我上网查了下，纽约唐人街有两家大的品牌，包装好适合送礼，但东西就一般。美国威斯康星州农场产的参可以直接上农场的网页购买，然后他们会给你邮寄。在认真搜集了网友的信息后，我最终确定了一家农场，这是我在美国第一次网购，为了保险起见，我没有买多，只买了两盒，每盒 1 磅。

13 号晚下的单，选择的是普通地面邮寄（Ground Mail），14 号上网查，厂家说发货了，预计 16 号到。我留的是施老师的美国电话号码，为了少打扰别人，我 16 号这天就待在家里，竖着耳朵听外面有无敲门声。中午，施老师从学校回来，她一进门就喊：张老师，你的西洋参到了。我很奇怪地从她手中接过包裹问：你从哪里拿的？她说就放在门口的地下。我大吃一惊问：他们这样不怕丢吗？她说：听江南（一位女留学生）说，这里送快递包裹都是放在门口的，也没人拿。我将信将疑地说：这边治安这么好？已经到了夜不闭户、路不拾遗的程度。后来我又想：如果我不签字认领，那可能会有很多扯皮的事呀？国内收包裹的程序一般是：要不断地电话联系，送到本人手上，最后签收，严格来说，这是一个商业社会法治社会规范的操作程序。美国这边的做法必须建立在一个信任和安全的社会文化和氛围中。我最后问施老师：如果买一个比较贵重的东西，他就这样放在门口，会不会不安全呢？施老师笑着说不知道。

今年是美国大选年，富翁特朗普（Trump）是一匹黑马，目前在共和党内的提名人选举中遥遥领先。特朗普走的是极端路线，代表了美国中下层白人的心声，他演讲中经常蹦出粗鄙的脏话，而且口无遮拦，满嘴跑火车。他曾说要在与墨西哥接壤的边境上修一条像中国万里长城一样的城墙，以阻止墨西哥人的偷渡。特朗普很多言行连美国人也当作笑柄，但也有不少美国有识之士很担心他真成为总统，并开始反思，为什么像他这种人也能被选出来，并且还有那么高的得票率。

我前两天在美国报纸上看到一篇文章的标题：特朗普说，如果他当选总统他会取消 J1 签证。当时很是吃惊，因为我就是 J1 签证来美国的，所以很是关注，就继续看里边的内容。J1 签证是非移民签证，签发给来美国展开教育和文化交流的各类外籍人士，每年有大量的学生和老师通过 J1 签证来美国进行几个月到几年的交流，签证期满后必须回国，并且在美期间不能外出工作（打工）。我记得士博曾跟我提到过这边花费太高，想打工但只能在学校找，学校的薪酬一般比较低。但现实情况是：很多 J1 签证的来美外籍学生都在偷偷地打工，这已成为一种不公开的普遍现象，严重侵占了美国工人阶层的就业机会，就连特朗普自己也承认他的公司（如酒店、餐厅）就雇用了不少 J1 签证的学生。不过他还是比较诚实诚恳的，他说自己作为一名企业家，会为了降低成本而这样做，但如果当选总统后，他必须为整个国家和社会的利益去思考和决策。看完这则新闻后，真正使我惊讶的不是特朗普的观点和言论，而是报道中所说的：在美国有那么多人，那么多公司违法雇用 J1 签证的外籍劳工。以前一直听别人讲美国是一个法治社会，在美国人不可以违法，或有不良记录，否则你整个人生都被毁了。包括我到美国后也处处谨小慎微，不敢有半点造次的行为，做一个良民。我以为美国人都像我一样遵纪守法，但现实却不一定，那么多人，那么多公司做出违法之事，难道他们不怕被查到、被留不良记录吗？又想起在纽约时周 C 的话：美国的警察、法律都是管你我这些老实人、绵羊的。这么说来，美国也有很多不老实的人、违法乱纪的狮子。

66
2016 年 3 月 24 日

美国的体育管理专业

美国空气清新，自然环境好，不光体现在天更蓝、水更清上，还有一点我最近才发觉，就是干净，一尘不染。最近天气开始热了，我中午在小学运动场健步走时，有时会脱去外套，运动场四周是铁丝网，铁丝网的上端是一条粗的钢管，当我想把衣服搭放在钢管上时，习惯性地先摸摸脏不脏，如果较多灰尘就不放，如果不太脏，就用手抹几下再放衣服。使我意想不到的是钢管上用手摸去没有一点灰尘，很干净，这在国内是不可能的，这些户外的铁丝网也肯定没有人去擦拭打扫，因为完全没有必要，唯一的解释就是美国户外比较干净，这种干净是你看不见、闻不到的，只有靠这种偶然的观察体验到。

美国像 ESU 这种州立的普通大学，生源上面临着很大竞争和压力，如果招不来学生，那么一切都无从谈起，所以学校非常重视招生工作，经常有各种面向高中毕业生及其家长们的宣讲会、校园开放日等。我在学校经常看到 ESU 的学生带着一群人参观学校、给他们做介绍，而这些人看上去有中学生、有家长，应该是对 ESU 有兴趣的高中毕业生来学校考察。上个星期天我去学校图书馆，在路上看到很多人，手里还拿着袋子，我逆着人群来到体育馆，原来这里刚办完一场大型的 ESU 宣讲推介会。体育馆的看台上贴着ESU各个学院、系的名字，看来全校师生都出马了。我进去时会议已经结束了，但仍有些外来的高中生和家长在与学校教师和学生交流。相比之下，国内公办高校很少做这些招生的宣传工作，生源还是比较充足的。以我所在的二本省属院校为例，生源非常充足，考生竞争比较激烈，学校从没有为生源发过愁，倒是一直想扩招，但苦于校园面积太小。我访学所在的ESU商学院，听说有些专业招生就遇到了困难，所以当我向他们提出合作、联合办学的想法时，他们非常感兴趣，这确实是一个双赢。其实大到中美两个国家之间的关系，两者处于不同的发展阶段，互补性太强，在经济和文化上有太多的合作机会和领域。

前天，就有关体育管理专业建设的相关问题，与ESU体育管理系韩国裔的李教授做了交流，为了更好地沟通，我还是叫上了Stanley做翻译。从李教授那里了解到ESU体育管理专业每年招50多人，所以目前在读学生共200人左右。生源质量中等，因为美国人还是很喜爱体育的，所以每年有不少学生选报体育管理专业。学生毕业后的就业去向有两类组织，一类是非营利机构，比如学校的体育管理员；另一类是营利机构，比如职业体育联盟、体育公司，一般去了做市场或管理等职位。很多学生因为热爱体育，所以即使刚开始的薪水不高，他们也愿意从事体育这个行业。学生的毕业实习是480小时（12学分），实习单位都是自己联系的，我根据国内的经验问道：那学生可能随便找一家根本与体育、与专业无关的组织，可以吗？李教授忙说：那不行，我们对实习单位有要求，要审核的。我问：像体育管理这类应用型专业，如何更好地与实践结合呢？他说：我们上课中举例都是真实的。比如他上的体育市场课程，以当地Ponoco区的赛车场为例，与它相结合，学生被带到实地考察，学生有些好的思考和作业，他还真送给赛车场管理者做参考。最后美国体育管理目前比较热点的研究领域，李教授提到了新媒体和与新媒体结合的体育管理。李教授与 Stanley 一样，都是在美国读的博士，最后留了下来。他面带微笑，一副很和善的样子，他夫人也是韩国人，他们已有三个小孩，最大的才 8 岁，谈起他的孩子们，李教授笑得更开心了。

前天晚上，和施老师一起在 ESU 阶梯教室看了一部纪录片《看不到的》（*Out of Sight*），是关注美国青少年精神问题的。进场前领的卡片上说：美国大约有 1/5 的青少年曾经有过压抑的体验，但这些孩子中仅有 38% 的人得到过需要的帮助。今年有 1/12 的高中生有过自杀的想法，在过去 30 年 10 ~ 14 岁青少年的自杀率上升了 50%。这些数据看上去问题很严重。影片基本上都是那些曾经经历过精神痛苦的青少年的回忆性自述。电影结束后，主创人员坐到前台与观众对话，回答问题。听他们的观点，是希望社会更多关注青少年精神问题，父母、身边的人应该多关心他们，多与他们对话交流，多给予他们爱。现场有位妈妈就遇到过这类问题，她女儿总说想自杀，有一次她就报警了，送到医院检查却说女儿没事，妈妈忧心地询问该怎么办？主治人员的回答好像是告诉妈妈：不用报警，也不用去医院，她应该更多地待在女儿身边，与她谈话，给她关爱，过一段时间自然就会好了。妈妈听了将信将疑。我也不太赞同他们这个建议，有些想自杀的人是深度抑郁症，是一种严重的疾病，是要赶快送到专科医院接受用药和心理双重治疗的，并不是他们说的那么简单容易。出来后我在想，中国青少年的精神疾病不知怎样？美国这种发达社会在解决了温饱和物质层面的东西后，人们必然会有更多的精神上的诉求，而精神层面的东西比物质层面要复杂多了，也更难满足。精神疾病可能是和社会发展程度成正比的。

67

2016年3月30日

退货

回国之前，要把手头上的事一件件做完。ESU 卡里还有 100 多块钱用不完，我就去办卡中心问可不可以退钱，一位老年妇人非常热情地告诉我：可以退，但只能给你开支票，需要你自己去银行取现金。上周五（25 日）拿着支票去银行取了 100 元现金。

上学期听 Eern 老师的“体育管理基础”的课，当时让 Stanley 帮我问他能否给一份他的 PPT 教案，当时他并没同意。这周在办公楼碰到他，他主动提出来有资料给我，上周五上午 10 点，按约定时间去到他办公室，他给了我一个夹子，里面完整地装着他上学期上这门课的所有资料，除了 PPT 打印稿，还有教学计划，甚至上课表，其实他完全可以发给我一个 PPT 电子稿就行了，更省事，他给我这些纸质资料更好，让我对美国大学教师教学工作有一个更全面的了解。

为了办留学回国人员证明，请 Stanley 给我写了一封导师证明信。虽然通过半年接触，跟 Stanley 已成为朋友，但他在给我写信时，仍然非常严谨和真实，对我在这边做的事没有半点虚夸。所以在美国，推荐制度是行之有效的，无论是在升学还是求职；但在中国，在中国文化中，很难广泛实施。上周六按要求将所有材料通过 UPS 寄给了纽约总领事馆下属的纽约留学人员服务中心。

老婆想买个 iPad，我在 Best Buy 网站上查了价格 599 美元，又想先不在网上买，最好能在 Best Buy 实体店里看看货。上周六下午 Stanley 开车带我去隔壁斯特劳斯堡镇的 Best Buy 店，我一看所要型号的 iPad 标价 699 美元，店员说没有折扣。我当时让 Stanley 用手机上 Best Buy 网店上看看价格，一看也是 699 元，我心里很纳闷：为什么又贵了 100 元呢？我记得是 599 元呀！是我记错了？没办法，只好花了 742 元（含税 6%）买了一台。晚饭我在 Stanley 家吃，这时儿子打来微信视频，我就问老婆，我以前跟她说过的 Best Buy 的那款 iPad 是多少钱？她也记得是 599 元。在我们视频说这件事的过程中，艳娇听到了，她就上网查价格，等我们关了视频，她告诉我 Target 网上卖 599 元，Stanley 有点不相信，拿过艳娇的手机仔细查看，然后拿起新买的 iPad 对我说：快走，我们去 Best Buy。在路上 Stanley 告诉我：我们的 iPad 还没拆封，它的价格明显比别人高，在美国遇到像这种情况，应该是可以退货的。我将信将疑，因为价高可以退货在中国是绝无可能。我们回到 Best Buy 后，在收银台前给店员做了解释，把 iPad 和发票给她看，女店员估计是也上了 Target 网去看价格（电脑屏幕背对着我们看不见），最后她还请来了主管，主管也在电脑上仔细查看，最后他们说：OK，同意退回 100 元，给了我一张收据，上面写着“Price Match（价格比较）”，退回我 106 元（外加 6 元钱的税）。还有这种好事，真是不可思议。

今天下午，Stanley 带学生去附近的一个度假村参观，我也一同跟去看看。这个度假村名称上是一个水上公园度假村和会议中心，主题是非洲风情，所以整个度假村的设计布置都是非洲风情。在大厅的登记处看到人们排着长龙，我非常惊讶：这么好的生意？仔细算一下今天并不是节假日、周末。听负责带我们参观的管理人员介绍：他们度假村目前有近500个房间，入住率是98%，这其中80%是会议接待。我看着很多是带着孩子一家人过来的，忍不住问Stanley：这些小孩不用上学吗？他告诉我：这段时间可能有放春假的，但即使不放假，很多家长为了一家人欢聚会给孩子请假。对比国内度假村，即使生意不错，一般也就是周末节假日火爆，平时不可能有这么多人。国内，特别是广东的度假村，我也去过一些，但从硬件上来讲，比美国这家还是要差一些。我们去参观它的水上乐园，是个室内的，可能是因为这里冬季漫长而寒冷，不适宜做室外的，占地面积将近3个标准足球场大小，里面各种水上游戏设施一应俱全，人声鼎沸，特别是孩子们玩得最开心。但室内不好的一面就是感觉比较闷，我看到有一位妇女感觉不适被抬到了旁边的车上躺着。参观出来，看到他们正在旁边建一幢很大的新酒店，是啊，生意这么兴隆当然要扩建啊！回程时，Stanley告诉我这附近还有3个跟这差不多的度假村，因为离纽约不远，所以吸引了很多纽约客前来度假，生意都不错。一般越发达的国家，第三产业所占比重越大，我这次有幸见到了美国兴旺的第三产业——休闲旅游度假产业。

68

2016年4月8日

跑通勤的美国人

回来一周了，我开玩笑说：一回来就焦虑。确实因工作、生活上有很多遗留的事情等着去处理，没办法，像还债一样，但也告诉自己别着急，一件一件地做。

虽然已过去了一周，但4月1日乘坐Martz大巴车去纽约时的一幕仍让我难以忘记，它让我看到美国人勤劳勤奋的一面。4月1日为了赶上午11点15分的飞机，我是凌晨5点起床的，5点30分坐出租车去Martz车站，坐上了5点45分出发去纽约曼哈顿的大巴，出乎我预料的是，这么早的车居然坐满了人，乘客并不是像我一样大包小包地赶去机场，他们都很少的行李，一看就是跑通勤去纽约上班的上班族。毕竟起得太早了，车一开，司机就关了车厢内全部的灯，车内静悄悄的，几乎全部人都进入了睡眠状态。大约7点20分车到纽约总站了，我走到前门下车时，仍然看到有几个人一动不动地熟睡着，当我从车下行李箱中拿出行李时，听到司机摁了几声喇叭，是在示意到站了，快醒醒，下车吧。

像我这种赶急偶尔早起一次当然问题不大，难就难在天天这么早起，恐怕让人很是痛苦。而且我看过Martz每天发往纽约的班车时刻表，最早的一班是凌晨4点发车，说明还有起得更早的上班族。纽约市内的房价太高、消费太贵，所以许多上班族选择在纽约市周边地区居住，距离曼哈顿 1.5 小时车程的，我居住的宾夕法尼亚州斯特劳斯堡地区也在他们的选择范围之内。但每天都要起这么早确实是件辛苦的事。我想起同学周 C 跟我说的，他认为在美国工薪阶层的辛苦程度要远高于中国的上班族，他甚至略带玩笑地说：如果中国人上班都像美国人这么辛苦玩命，那么中国就会赶上美国，和美国一样发达了。

回顾美国访学这半年的学习和生活，除了儿子没能在美国上成学这件事之外，其余基本上可以算是 Perfect。我都收获了些什么呢?

（1）真正接触了美国这个目前世界最发达国家的人、事物，对其进行了质性研究。通过观察、体悟、思考，写了 10 万字的笔记，对西方世界和西方文化有了感性加理性的理解。眼界和视野更加开阔，丰富了人生阅历。

（2）对美国高等教育、大学文化生活有了切身的感受和体会，并在专业上、教学上学到了一些东西，有一定的收获。

（3）完成了一篇论文，希望能够在 SSCI 发表。通过这篇论文的写作，使我对西方学术论文有了比较深入的认识。

（4）看了 3 本自己一直想看却在国内没有时间看的，对我知识储备、研究都非常重要的书，这是我安身立命完成本职工作的压箱石，让自己在专业上更加自信了。

（5）结识了几个美国相关专业的教授和 ESU 相关院系负责人，为今后个人和学校层面的学术交流和合作办学打下了基础。

（6）英语有了一定的提高，特别是听说能力更加自信，能够应付基本交流。

就像回来之前我在微信朋友圈里发的留言：再见，America，在人生旅途中，感谢你带给我这段独特的旅程。

69

美国马里兰大学教育学习考察有感

2009年9月17日至10月9日，本人有幸作为广州体育学院“千百十”教师赴美培训团的一员，在美国马里兰大学进行了为期3周的学习考察，虽然时间很短，走马观花，但对美国的社会、大学教育、大学体育还是有了一定的感性认识，应该说收获颇丰，感慨良多。

一、美国的自然环境

天更蓝，空气更清新

一到美国，立刻就能感觉到美国的天更蓝，空气更清新。它的天是那种湛蓝湛蓝的，感觉天空更加高远了，一朵朵白云清晰可见，这种蓝天白云的场景在我们生活的珠江三角洲地区已经久违了。看看广州的天空，即使在很晴朗的天气里，你也很难看到湛蓝的天空和朵朵的白云，取而代之的是浅灰色的天空和轮廓不清的、模糊的云彩，他们的天空是透明的，我们的天空是混沌的。刚到美国时，大家都说忍不住地想深呼吸，这种空气非常清新的感觉，在国内只有去到树木茂密、负离子含量高的山区才有。2008年北京奥运会时，西方人质疑北京的空气质量，看来并非空穴来风。我们在环境保护方面确实存在很大差距。

绿化好，草地、树林，郁郁葱葱

美国的绿化工作非常到位，所到之处都是植被，郁郁葱葱。汽车在高速公路上行驶时，沿途两边都是茂密的原生态树林和草地，一幢幢漂亮的别墅点缀其中，像一幅风景油画，与国内高速公路两边常见的村庄、农田、开凿的山、高耸的烟囱形成鲜明对比。美国是一个长在车轮子上的国家，汽车多，成年人几乎人手一辆，按说车多排出的废气就多，空气污染就会严重，但它们的空气为什么比我们的清新得多呢？我想主要原因可能有两个方面，一方面是美国的汽车尾气净化标准高，我曾经试着站在车水马龙的路边，但几乎闻不到汽车排出的尾气味；另一方面，可能就是它的树木草地等绿色植物多，吸收了废气，平衡了空气污染。

干净、整齐，一尘不染

美国自然环境给我印象很深的还有它的干净，到处都是干干净净、整整齐齐。室外基本上除了柏油马路就是草地植被，所有的室内地面都很干净，在马里兰大学的每幢教学楼里你都可以看到很多学生席地而坐，包和衣服随便地放在地上，参观它们的篮球馆和橄榄球场时，偌大的场馆内一尘不染，我特意到后台的一些很偏僻的角落里转转，同样是干净整齐。“厕所反映了文明程度”，美国所有的卫生间都是干净整齐，飘着香味的（空气清新剂），每个卫生间里都放着纸巾和洗手液。这种情况可以有一个很好的对比：当我们在香港下飞机时，感觉香港的卫生间已有了一点“味道”，等过了中国海关到深圳后，再上卫生间，“味道”已经难以忍受，须快进快出了。

人与自然的和谐发展

美国经济发达、社会发展程度高，在经济社会快速发展的同时，它的自然环境也得到了很好的保护，这种发展真正做到了人与自然的和谐发展。反观我们在发展经济的同时，付出了环境和资源的沉重代价。2003年以来，中央提出了科学发展观、构建和谐社会，强调要促进人与自然的和谐，实现经济发展和人口、资源、环境相协调，走生产发展、生活富裕、生态良好的文明发展道路，保证一代一代永续发展。这个决策是多么的恰逢其时。

二、美国人

美国人的性格特征

来美国之前，从经验上觉得美国是一个崇尚个人主义和自由的国家，所以美国人可能比较自私、人与人之间比较冷漠。来到之后与美国人一接触，发现大相径庭。美国人很有礼貌、很热情、很有教养、很绅士、很有人情味。我们来美学习的同事之间还互相开玩笑说：来美国学会了微笑、细声细语说话、与陌生人点头问候、开门时帮人推门，我们也越来越绅士了。

马里兰大学体育系简（Jane）主任

与我们接触最多的马里兰大学（以下简称：马大）体育系简（Jane）主任就是这样一个开朗、热情、富有人情味的美国教授。她不厌其烦地回答了我们无数个各种各样的问题，并尽可能地满足了我们无数个有理无理的要求。她是名知识渊博的终身教授，但却很轻松和蔼、平易近人，她身上所散发出来的幽默和热情感染了我们每一个在场的中国人。在我们的毕业典礼上，简主任首先说，我还清楚地记得与你们第一次见面时，你们每个人用英文做自我介绍的情景，一下子感动了大家，这是个多么有人情味的美国老太太呀！人心是相通的，不管他是美国人，还是中国人。

绅士的美国老人和热情的图书馆管理员

有一次回宾馆时，前面一位素不相识的美国老人开门后，扶着门示意后面的我先进，我让他先进，他非常坚持一定要让我先进。进去后电梯来了，他按住电梯开关，问附近的一位正在接手机的女士是否上电梯，得到不上的答复后，他才进电梯。当他先到楼层出电梯时，还回头与我道别。美国人的热情、乐善好施有时到了无以复加的地步，甚至帮些好意的倒忙。有一次，我和一名同事第一次去马里兰大学图书馆，我们向前台的一名男图书管理员做了简单的自我介绍并礼貌性地向他请教如何用马里兰大学图书馆的电脑查阅文献资料，结果管理员非常认真，他耐心、详细、和蔼地给我们讲解，并配合电脑演示了足足有半个小时，其实对于我们这些经常上网查资料的高校教师，只要他稍微示范点拨一下我们就懂了，我们希望有更多的时间自己去查资料，但他是如此的热情，来自礼仪之邦的我们又岂能失礼，只好硬着头皮听完。

车让人

在美国给我印象很深的还有车让人。在没有红绿灯的小路口，比如大学校园里，你经常可以看到汽车停在十字路口前，让行人先过马路，一般情况下，行人在穿过时，还会与车里的司机相互点头微笑，多么温馨的一幕。作为美国司机，一般在经过没有红绿灯的路口或斑马线时，都会停下来，确定没有横过马路的行人后，才会继续通过，如果有，即使他可以先过，他也一定会让人先行。这种礼让，让我们这些在国内开车的人汗颜。

对体育的狂热

美国人对体育的狂热全球闻名，这次亲眼所见果不其然。我们所到之处，无论是大城市，还是乡镇；无论是早上，还是下午，几乎随时随处都可以看见迈着矫健步伐奔跑的人。橄榄球、棒球充斥各种媒体，主流报纸《华盛顿邮报》每天的第一版主图片都是橄榄球，可见体育在美国社会的受关注度。在我们的毕业典礼上，美国主持人和马大校长在讲话时都提到了芝加哥申奥失败，看来这件事对他们的打击还挺大。“美国人为什么对体育如此狂热?”马大体育系专门研究体育文化的教授安德鲁说：第二次世界大战后出生的美国人，认为运动是性感，是健康，是娱乐。

美国人为什么会这样?

在美国的短短 3 周时间里，美国人的友好、热情、有教养、乐善好施给我留下了深刻印象，我想美国人这种良好性格特征的形成得益于两个方面：一方面是他们的人均受教育程度高，社会的整体素质、文明程度比较高；另一方面是宗教，美国人以基督教新教为主导，据说每 10 个美国人中就有 9 个人自称相信上帝，有 7 个人属于某个宗教组织，有大约 6 个人每天祈祷，有 4 个人每周去教堂，美国有 30 多万座教堂遍及美国城乡，新教的核心是教人扬善弃恶、乐善好施。

三、美国的大学教育

现代与传统相结合的校园

我们这次一共参观考察了 7 所美国大学，他们分别是马里兰大学、哈佛大学、麻省理工学院、耶鲁大学、西点军校、安那波利斯海军学院和约翰霍普金斯大学。每所大学都环境优美、景色宜人、安静舒适、设施完备，使人在这里能够真正静下心来学习和思考。美国是世界最发达国家，其大学的现代化程度自不必多说，但在每所大学我们看到的并不仅仅是崭新的现代化大楼和高科技设备，古老的建筑、发黄的照片随处可见，导游和师生们自豪地向我们介绍这些“遗迹”以及与之相关的典故轶事，很显然他们一直精心地保留与传承这些文化，并以它们为傲。这其中耶鲁大学给我们的印象最深，来到耶鲁大学就像回到了几百年前的欧洲文艺复兴时期，学校所有建筑的外形都是统一的巴洛克式建筑，颜色都是统一的灰色调（有灰红、灰白、灰黄），给人以古朴厚重之感。在这里，我们看到了建于 1750 年的耶鲁大学第一幢楼，至今仍然作为学生宿舍在使用。在耶鲁大学的一个建于 200 年前的图书馆里，在斑驳的屋顶墙壁下，在陈旧的木桌上，我们看到的是手提电脑正在无线上网，此情此景向我们诠释着现代与传统的完美统一。美国仅有 200 多年历史，美国人以他们的文化传统而自豪，在向现代社会发展中小心翼翼地呵护着、传承着；中国是 5 000 年的文明古国，我们又是如何对待我们的文明的？我只想说，在我们的大学、我们的城市里，一幢幢现代化的高楼大厦是建起来了，我们却鲜能看见哪怕仅仅是 50 年前的东西了。

自由的教授与学生

美国是一个崇尚自由民主的国家，这种文化深深地影响着它们的大学教育和大学管理。马里兰大学体育系简主任向我们介绍，在美国崇尚学术自由，所有的教授都有权选择自己的教学内容。学校对于每门课程并没有一个统一教学内容的教学大纲，但每门课程在授课之前教师必须制订一个详细规范的教学计划，上交系里并挂在网上告知学生。另一方面，学生学习也充分地体现自由。学校为每位学生创造尽可能多的选择机会。比如在课程设置上，尽量少的必修课程（学校核心课程、专业核心课程），尽可能多的选修课程；在学习上，一门课程一般有几个教师上课，学生有选择教师的自由；在社会活动上，有各种各样的学生社团供你选择，哈佛大学有学生社团 500 多个，耶鲁大学有 350 个，马里兰大学有 400 多个，每个学生社团都有着丰富多彩的活动，大学校园里到处贴满的社团活动广告，成为美国大学的一道风景线；在生活方式上，整个校园都可以无线上网，无论是在校园随处可见的椅子上，在室外宽阔的草坪上，还是在室内干净的过道上，学生自由地在校园的任何一个角落无线上网、看书。

你是怎么当上院长的？

马里兰大学公共健康学院院长来给我们上课时，我向他提了一个有点儿冒失的问题：你是怎么当上这个院长的？他告诉我们：美国高校的院长、系主任的选拔，一般先由学校定出任职标准，公开招聘，凡符合条件的人都可以竞聘，然后由学校成立专门的委员会对竞聘人员进行甄别和遴选，最后定出合适的人选。也有由学院和系里的教师集体推荐的，那一般是众望所归的优秀人选。其实美国大学的校长也经常采用这种选拔方式。目前国内大学的校长、院长、系主任和我们的政府官员一样大部分都是自上而下任命的，所以国人一直诟病国内大学的行政化、官僚化。

委员会结构和齿轮式结构

马里兰大学体育系简主任在给我们讲美国大学的管理时，强调这个系不是她这个系主任一个人在管理，她是与系里的教授、工作人员一同管理，它们的组织机构是委员会结构和齿轮式结构。委员会结构是指系里会选举产生各种各样的专门委员会，由委员会具体负责管理各自工作范围内的事务，每个教授都拿出10%的时间用于在委员会的工作。比如对本系各专业的管理有专门的专业委员会来执行，如图 1 所示。

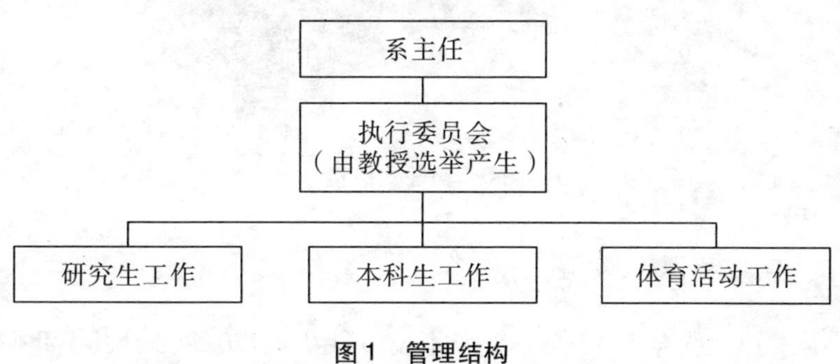

图 1　管理结构

除此之外，还有众多的其他性质的委员会，如图 2 所示。

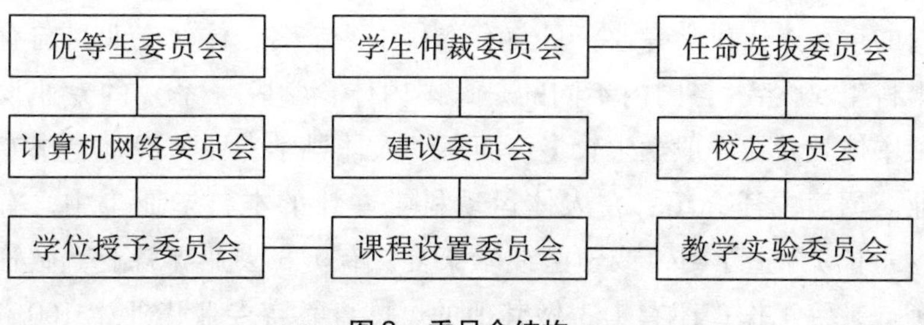

图 2　委员会结构

齿轮式结构是指系里的每一个职位没有上下级之分，每个职位就像一个齿轮，职位之间的关系就像齿轮之间的啮合一样，大家是平等的，需要相互合作、共同协调配合才能把工作做好。如图 3 所示。

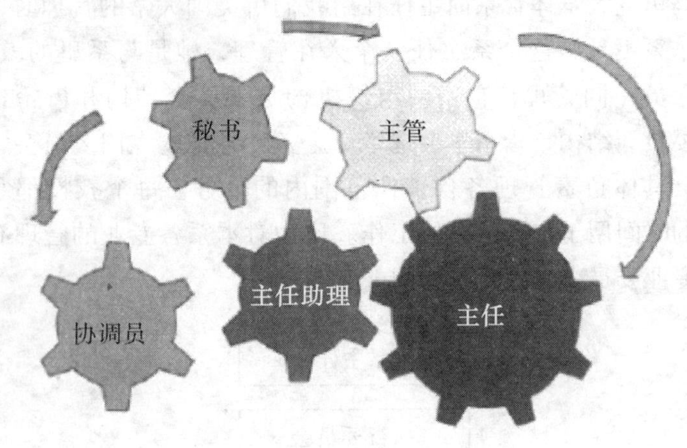

图 3　齿轮式结构

专业和课程设置

马里兰大学有 13 个学院，下设本科专业 120 多个，其中我们所参观学习的体育系有两个本科专业：人体运动科学（Kinesiological Sciences）、体育教育（PE）。人体运动科学专业类似于国内的运动人体科学专业，目前有本科生 782 名，体教专业目前有本科生 60 名。与国内不同的是，国内体育学院（系）的专业设置中体教专业一般学生较多，而运动人体科学专业一般都是小专业。据简主任介绍：在人体运动科学专业的本科毕业生中，有 1/3 继续深造学习，或学医或学康复；有 1/3 去业界就业，做管理或教练工作；还有 1/3 做其他的。体育教育专业毕业生 100%

就业，都是体育教师。

体育系两个本科专业的学分要求都是120学分，每个学分15节课，每节课50分钟，一般一门课程3个学分，学分要求远远低于国内大学体育专业。在课程设置上它明显地体现出通识教育的思想，有统一的全校公共课程和专业核心课程。体育系两个本科专业的课程类别设置分别如表1所示。

表1 马里兰大学体育系专业课程设置一览表

课程类别	学分
120学分（人体运动科学专业）:	
• 全校公共课程	27分
• 专业基础课程（解剖学、生理学等）	15分
• 专业核心课程	45分
• 选修课程	33分
120学分（体育教育专业）:	
• 全校公共课程	25分
• 专业核心课程	22分
• 基础课程（解剖学、生理学等）	21分
• 体育教育教学法类课程	25分
• 教育学类课程	12分
• 教育实习	15分

大学课堂

从马里兰大学体育系的课程设置来看，一般每门课程3个学分，每个学分15节课，每节课50分钟，每学期15个教学周，所以，一门3学分的课程每周上3节课，1个学期刚好上完。在马里兰大学有些教师被戏称为一三五教授，就是指该教师每周上某课程3次，每次50分钟（1节课/次，3节课/周）；有些教师被戏称为二四教授，就是指该教师每周上某课程2次，每次75分钟（1.5节课/次，3节课/周）。在体育系，我们每个人都被安排观摩了几次自己感兴趣或是与自己专业相关的课程的课堂教学，我主要听了他们的"体育管理学"和"体育市场与传媒"两门课程，总体直观感觉如下。

教师上课：

❖课程教学内容与我们不同，他们更实用

❖多媒体做得漂亮，图文并茂

❖每讲完一部分，"Are you questions?"

❖教师站着讲，身体语言多，教师手上都有电子教鞭

❖根据课程决定教学方法，讨论课比较活跃，部分讲授课也比较沉闷

学生听课：

❖几乎没有睡觉

❖学生主动提问，回答问题，讨论踊跃

❖几乎没有教材，大部分人有教师的讲义（网上下载的PPT）

❖无线上网，有部分看电脑干自己的事情

四、美国的大学体育

体育与教育融合是美国的特点

体育本身是一种教育，如何将体育与教育有机结合，使运动员在从事体育的同时不影响其接受正常的教育，这个问题一直困扰着我国的体育发展。美国将体育与教育融合，很好地解决了这

个问题，美国大学体育的成功就是这种融合的最好范例。在美国，构成美国竞技体育金字塔尖的运动员，绝大部分来自在校大学生。美国大半以上的奥运冠军、世界冠军获得者为大学生，美国奥运代表团 80% 以上的运动员从大学中直接选拔出来。可以说美国大学不仅是诺贝尔奖获得者的摇篮，同时也是奥运冠军、世界冠军的孵化器。

NCAA（National Collegiate Athletic Association），即美国大学体育协会，是主管全美大学体育事务的组织。NCAA 成立于 1906 年，1950 年后逐步发展壮大，大学、联盟和单项协会先后加入 NCAA，目前，NCAA 在美国有 1 200 多所大学加入，成为美国规模最大、职能最广、会员最多的体育管理机构。NCAA 在 22 个项目中设冠军 87 个，每年大约有 44 900 名男女运动参加各个项目的比赛。如今的 NCAA，已发展成为招收、管理大学生运动员，对校外资助、奖学金、电视转播、学术资格等一系列涉及大学生运动员的事务进行管理的非营利性实体。正如 NCAA 在阐述它的组织使命时说："……从根本上讲是教育体系的一部分，其主要目的是使校际体育运动纳入教育体系之中，使体育运动真正成为大学生活的一部分，从而使大学体育竞赛与职业体育完全分离。"

为了使大学体育真正成为大学教育的一部分，作为管理机构的 NCAA 对大学生运动员的学习非常重视，要求严格。作为一名 NCAA 的大学生运动员一旦被大学录取，他们在上大学、修学分的学习过程中，与其他的普通专业的学生在要求上完全相同，学校也不会因为他们是运动员，或是优秀运动员而在学习标准上给予任何优惠。比如 NCAA 对大学生运动员在毕业学分要求及学期最低学分要求上与普通大学生没有任何区别，大学生运动员必须是正式注册的全日制学生，每学期选修课课程的学分不得少于 12

学分；又比如，为了贯彻以学为主的方针，保障大学生运动员的学习，NCAA 章程对一些具体问题做了十分明确的规定：运动员在校学习期间，每天参加训练的时间和其他用于体育活动的时间不得多于 4 小时，每周的时间不得多于 20 小时，每周必须保证一天的时间，还明确规定了不同运动项目每年参加比赛的最多竞赛场次。考虑到大学生运动员既要训练比赛又要完成学业的实际情况，为了让他们更好地学习，NCAA 及其下属大学通过设立专门的针对运动员运动才能的运动奖学金来吸引优秀竞技体育人才，各大学还为运动员配备了专门的文化学习指导教师，以帮助运动员解决学业上的问题。

马里兰大学运动系

马里兰大学的竞技体育水平在整个 NCAA 是比较出色的，一般大学有 14 ~ 15 支球队，马里兰大学有 27 支球队，NCAA 最火爆的两个项目橄榄球和篮球，马里兰大学都曾拿过冠军。正如马里兰大学的一位橄榄球教练给我们介绍的：体育是马里兰大学的特点，马里兰大学靠体育、艺术、学术吸引学生。马里兰大学运动系是该校对高水平运动员进行管理的一个专门机构。目前该系有 720 多名学生运动员，其中有一半人拿过运动奖学金。运动系每年收入 5 000 万美元左右，不用学校拨款，这些收入全部是自己通过比赛和场馆的运营来实现的，主要依靠橄榄球和篮球两个项目。这 5 000 万美元中，2 000 万用于工资薪酬，1 000 万用于发运动员奖学金，2 000 万用于运营。学校的主要体育场馆都归运动系管理，我们参观了马里兰大学的篮球馆和橄榄球场，其硬件设施和软件管理都是一流水准，国内的职业球队和专业队都难以望其项背。

大学橄榄球联赛：那是一个 Party

美国大学生橄榄球联赛是美国大学体育中最成功的联赛和项目。一般大学生联赛在周六进行，职业联赛在周日进行，比赛时间错开以分享市场。大学生联赛的整个运作，包括门票、转播、市场开发等都与职业联赛已相差无几。我们有幸看了一场马里兰大学橄榄球队主场的比赛，这场比赛是球队整个赛季非常关键的一场比赛。

美国人很懂得享受生活，特别是周末，大家尽情放松、娱乐、狂欢，与周一至周五的忙碌工作形成鲜明对比。这是个周六的上午，马里兰大学校园里到处是露天 Party，有酒、饮料和烧烤，伴着音乐，大家有说有笑、载歌载舞。中午 12 点 30 分的比赛，我们 10 点多就来到体育场外，呵，已经人山人海，观众大都穿着主队的红色 T 恤，一片红色的海洋。人们很早就开车从四面八方会集到体育场外，从汽车后备厢中拿出烤箱、桌椅、食物、饮料、游戏道具，边烧烤边吃、边晒太阳边说笑游戏，不管是否认识，大家都交流着、嬉闹着，一副悠然惬意的样子。美国人是把比赛作为一个 Party、一场 Show，球要看，娱乐更不能少。

体育场大约有 5 万个座位，今天约有九成的上座率，其中有很多老人和小孩，足可见对球队的忠诚度。场内广告并不多，主要有几个大的广告客户。乐队、美女啦啦队、吉祥物、疯狂的 FANS、煽情的解说，这些美国球场的重要招牌性东西都凑齐了，真热闹，让人目不暇接，置身其中的任何一个人都会不由自主地兴奋欢呼，去尽情释放自己的情绪。通过观看比赛，终于弄懂了美式橄榄球的规则、玩法和精妙之处，美国人把这个项目设计得很有观赏性，难怪它让美国人如痴如醉，难怪它的收视率会高于 NBA。

一场美式橄榄球比赛一般要打 3 个小时左右，也分为四节（上下半场，各两节），每节比赛时间 15 分钟，这有些像 NBA，可能有观赏性的项目是相通的，会有共同的特点。美式橄榄球对球员在场上的动作限制最少，所以比赛冲撞激烈，对抗性强，每队有 11 名球员同时在场上，比赛场面宏大，战术复杂多变，球员穿着像外星人一样的铠甲，这些都构成了它的观赏性。每队都有一个核心——四分卫，他是球队进攻的统帅，球员分工合作，有些防守队员就是为了保护和配合四分卫，可能一场比赛下来摸不到一次球。在我看来，领袖、英雄，合作、团队，这些符合美国人精神和核心价值的东西，在这个项目中都有体现，这可能是美式橄榄球成为美国第一运动项目的文化学原因。